AF285195

# Meine präkognitiven Träume

Band 2

Maria Sand

Bibliografische Information der deutschen
Nationalbibliothek:

Die deutsche Nationalbibliothek verzeichnet
diese Publikation in der deutschen
Nationalbibliografie; detaillierte
bibliografische Daten sind im Internet über
http://dnb.dnb.de abrufbar

© Maria Sand

Herstellung und VerlagBoD — Books on Demand,
Norderstedt

ISBN 9783752805987

Dieses Buch ist Teil einer umfangreichen Psi-Traumstudie, die der Erforschung paranormaler Phänomene im Traum dient. Sie wurde im Jahr 2000 im Internet begonnen und war allgemein und kostenlos zugänglich. Eigentlich begann ich mit dieser Studie schon einige Jahre vorher, aber weil ich zu diesem Zeitpunkt noch kein Internet hatte, wurden diese Träume nicht veröffentlicht. Psi - Träume sind jedoch nur dann als Beweis überzeugend, wenn sie vor dem vorher gesagten Ereignis öffentlich zugänglich sind. Deshalb hatte ich mich entschlossen, die älteren Träume nur teilweise zu veröffentlichen.

Dieser Band enthält Träume aus dem Jahr 2017 und 2018. Einige Träume sind mit Erklärungen versehen, oder mit Hinweisen auf ihre mögliche Erfüllung. Träume die eine wichtige Aussage enthalten, aber noch nicht eingetroffen sind, habe ich ebenfalls gekennzeichnet. Jeder Traum ist mit dem Datum versehen, an welchem ich ihn geträumt habe. Die meisten Träume die sie in diesem Band finden, waren zuvor im Internet veröffentlicht worden.

Wenn Sie noch mehr über meine Traumstudie erfahren wollen, finden Sie genauere Erklärungen in meinem Buch "Die Intelligenz der paranormalen Träume", ebenfalls bei BoD erschienen.

5

Falls sie sich vor allem für Träume mit
wichtigeren Aussagen interessieren, finden
sie diese in meinem Buch "Paranormale
Träume zeigen uns die Zukunft der
Menschheit" BoD

Die Träume ab dem Jahr 2000 bis 2014 sind
bei LULU erschienen.

Die folgenden Träume wurden von mir nicht
mehr so intensiv kontrolliert wie frühere
Träume. Da Voraussagen in Träumen häufiger
auftreten wenn man sich stark konzentriert,
enthalten diese Träume vielleicht nicht so
viele Voraussagen, wie das sonst der Fall
ist.

# Die Träume

23. 6. 2018

Zuerst hatten wir eine Ratte. Die Leute wunderten sich, weil es so gar keine Schwierigkeiten mit dem Tier gab. Das kam daher, dass wir sie einfach in Ruhe ließen. Deshalb fühlte sie sich nicht bedrängt. Schon bald vertraute sie uns. Doch plötzlich war es ein Hund, den wir gerettet hatten. Er war sehr gelangweilt und einsam. "Ist das die Dora?", fragte ich jemanden. Antwort erhielt ich keine, aber es schien doch so zu sein. Es war ein weißer Herdenschutzhund, der wirklich lieb aussah. Dabei dachte ich an den Hund von dem alten Mann mit weißen Rauschbart. Dessen Hund hatte so ausgesehen Man hatte ihm das Tier abgenommen, weil er es misshandelte. (real) Es schien nicht derselbe Hund zu sein, er sah ihm bloß ähnlich. Konnten wir uns einen dritten Hund leisten? Ich überlegte. Er war bereits bei uns. Das Tier wirkte total verängstigt. Als ich die Hand hin hielt, wollte es beißen. Deshalb wurde ich vorsichtig. Ich klopfte ihm sanft auf den Rücken. Der Hund schrie sofort auf, weil er Angst hatte. Mir wurde klar wie ich vorgehen musste. Zaghaft begann ich ihn zu streicheln. Schon bald gefiel ihm das, er genoss die Nähe. Jemand wollte einer Frau, oder einem Paar ein bereits bestehendes

7

Tierschutzhaus kaufen. Vielleicht waren sie sogar schon die Betreiber, doch der Grund gehörte ihnen nicht. Als Besitzer hätten sie es leichter. B. hatte irgendetwas mit ihnen zu tun. Ich fragte sie, ob sie dann einen Job als Managerin bekäme. Allerdings war das Objekt etwas weiter weg von Wien. Sie hätte dann jeden Tag mit dem Auto zur Arbeitsstelle fahren müssen. Offenbar hatte sie sich endlich ihren Führerschein geholt und sie besaß jetzt auch ein Auto. Es wäre also durchaus zu machen gewesen. Mit einigen Leuten sprach ich Englisch. Mein Akzent war furchtbar. Ungefähr so schrecklich wie der unserer Politiker. Was ich sagte verstand ich nicht, obwohl ich mich sehr darum bemühte. Ein Hinweis darauf, dass ich nicht die Person war, von der ich dachte es zu sein. Dann sah ich mich noch im Garten um. Ob es vielleicht besser sei, den Hund dort unterzubringen, dachte ich. Wahrscheinlich nahm ich ihn schließlich doch.

-------------------------------------------------

Erfüllung:

24. 6. 2018 Kronen Zeitung Beilage, Seite 18 und 19, Artikel über Herdenschutzhunde. Mehrere Fotos. Fast alle gezeigten Hunde sind weiß.

-------------------------------------------------

20. 6. 2018

Wir waren in einem Hotel in Moskau. Ein Mann unterhielt sich mit mir. Es war nicht ersichtlich ob er einfach nur ein Gast wie jeder andere war, oder ob er vielleicht von der Polizei, oder vom Geheimdienst war. Anfangs fragte er mich alles mögliche, danach erklärte er mir einiges über die Situation in Russland. Das hörte ich mir interessiert an. Schließlich ging ich weg. Ich kam in eine Gegend in der es nicht viel anders als bei uns in der inneren Stadt aussah. Viele Menschen, geschäftiges Treiben, Geschäfte, Verkehr. Das gefiel mir. Doch als ich wieder zurück ins Hotel fahren wollte, gab es enorme Probleme. Zuerst kam gar kein Bus. Langsam wurde es dunkel und ich wollte möglichst schnell zurück. Als endlich doch einer kam, war er total vollgestopft. Man durfte nicht mehr zusteigen. Vor allem Kinder waren im Bus und einige wenige Frauen. Es ging um die Sicherheit der Kinder. Man konnte sie um diese Zeit nicht mehr alleine draußen lassen. Deshalb wurden sie bevorzugt behandelt. Danach kam wieder kein Bus. Ich wartete verzweifelt. Die Dämmerung hatte eingesetzt. Gemeinsam mit mir warteten auch noch mehrere junge Frauen. Um diese Zeit war es auch für Frauen gefährlich auf die Straße alleine zu gehen. Ich saß irgendwo höher oben. Plötzlich kam ein Mannschaftswagen der Polizei. Er sollte zu unserem Hotel fahren. Anscheinend war etwas

9

passiert, oder es waren Leute dort die dem System nicht passten. Was genau geschehen war wusste ich nicht. Doch instinktiv spürte ich, diese Polizisten waren gefährlich. Wer ihnen in die Hände fiel, musste mit schlimmen Problemen rechnen. Der Wagen bremste ab, schob zurück und hielt schließlich so, dass die Insassen mich genau betrachten konnten. Das machte mir Angst. Doch gleich danach fuhr er wieder weiter. Ich stand also nicht auf der Liste der zu Verhaftenden. Endlich kam ein Linienbus und ich stieg ein. Nach einer Station bemerkte ich den Irrtum: es war die falsche Linie. Also stieg ich aus. Viele junge Frauen stiegen gemeinsam mit mir aus. Niemand ging in meine Richtung weiter. Dort wo ich gerade war wurde sehr viel gebaut. Alles sah neu und modern aus. Obwohl ich dort noch nie zuvor gewesen war, fand ich schnell zurück ins Hotel.


31. 5. 2018

Dort wo sich die Grünfläche zwischen der Hermesstraße und der Straßenbahnhaltestelle 62 und 60 befindet, suchten einige Leute etwas aus der Vergangenheit. Sie unterhielten sich mit mir. So kam ich auf die Idee, mich an der Suche zu beteiligen. Einige von diesen Leuten sprachen miteinander über die Vergangenheit der Siedler. Es klang als gehe es dabei um ihre früheren Inkarnationen. Ich versuchte mit meinem kleinen Gartengerät an manchen Stellen die Erde zu lockern. An diesen Stellen könnten auch Gegenstände zu finden sein, die halb auf der Oberfläche lagen. Schon bald fand ich etwas und ich begann tiefer zu graben. Es gelang mir einen festen Schacht zu finden. Darin hatte jemand einige Gegenstände entsorgt. Das war seltsam. Sogar im Traum war mir klar, niemand würde etwas derartiges machen. Das Foto eines Mannes war auf mehreren verpackten Dingen zu sehen. Es wirkte nicht sehr alt und war daher wertlos. (Real ist der größte Teil der Fläche die wir aufgruben, eigentlich betoniert. Im Traum war das nicht der Fall. Nur zeitweise wurde mir das bewusst.) Wir überlegten an welchen Stellen vielleicht etwas zu finden sein könnte. Wie alt die Bäume wären die dort wuchsen und ob unter ihnen etwas vergraben sein könnte, fragten wir uns.


17. 5. 2018

M hatte Besuch von einem Mann den ich nicht kannte. Sie unterhielten sich. Offenbar wollte ich nicht wissen worüber sie redeten. Das bemerkte ich deutlich. Der Mann sollte als verdeckter Ermittler arbeiten. Er war Polizist. Mit M war er sehr gut befreundet, was mich ziemlich irritierte. Das alles wusste ich, obwohl

11

ich den Beiden nicht zuhören konnte. Davon ahnten sie nichts.


## 5. 5. 2018

Unabsichtlich aß ich einen Bissen Brot und spuckte diesen gleich wieder aus. Nur ganz wenig blieb im Mund. Das schluckte ich. Ein klein wenig würde nichts machen, dachte ich, solange ich weiterhin auf Mehl verzichte.


## 2. 5. 2018

Offenbar musste ich zur Uni. Weil S. mit mir fahren wollte, sollte ich noch kurz warten. Um Punkt 6 Uhr hätte sie kommen sollen, kam aber nicht. Mir wurde die Zeit zu knapp. Als ich gerade über die Straße lief, begann ein Gewitter. Zum Glück war es nicht sehr stark. M sagte etwas von einem Erdbeben. Ich hatte gar nicht bemerkt, dass es ein Erdbeben gegeben hatte. Da fiel mir ein, ich hatte das Auto irgendwo abgestellt. Aber wo? Das wusste ich nicht mehr. Obwohl ich keine Erinnerung an den Ort hatte, fand ich es ganz leicht. Es stand in der Nähe der Hütteldorfer Straße. An dieser Stelle machte die Straße einen leichten Bogen. Ein fremdes Auto stand vor meinem. Direkt vor meinem Auto lehnten Bilder. Ein Geschäft war direkt im Bogen.

Jemand sagte, man habe mein Auto wegbringen wollen. Sie hätten das jedoch verhindert. Es habe geheißen, das Auto müsse angemeldet sein. "Ist es doch!", sagte ich. "Wem gehören die Bilder?", fragte ich die Leute. Jemand meinte: "Dir!"


25. 4. 2018

*Wir trugen einen großen Sack voll Müll weg. Doch dann nahmen wir ihn wieder mit zurück, statt ihn wegzuwerfen. "Ah, da sind ja unsere Sachen!", sagte S und freute sich. Im Sack waren Kuscheltiere.* Diese nahmen wir heraus und gaben sie in einen anderen Müllsack. *Doch in diesem war ein riesiges Puzzle.* Noch etwas anderes befand sich auch darin. Zuerst wollte ich die fremden Sachen gar nicht nehmen, doch dann sagte ich: "Die werden sowieso weggeworfen!" Das war ein Irrtum, denn bald kamen fremde Leute, die ihre Sachen wieder haben wollten. Dann suchte ich das Puzzle. Es war unauffindbar. Die anderen Leute waren schon weg. Ich legte mich einfach hin und schlief. Plötzlich spürte ich etwas an meinem Gesicht. Es war ein Baby, bemerkte ich, als ich die Augen öffnete. Seine Eltern hörte ich sagen: "Die schnarcht einfach!" Da stand ich auf. Das Baby fuhr nun mit einem Auto aus Plastik enorm schnell herum. Ein anderes Kind hatte ein Feuerwehrauto, in dem es sogar sitzen konnte. Die Kinder blockierten einander.

Auf dem Weg nach Hause traf ich eine meiner Töchter. (Ich habe vergessen welche es war.) Als ich mit ihr redete benahm sie sich komisch. Es war als würde sie meine Worte nicht verstehen. Alles musste ich mehrmals wiederholen. An den Ohren schien es nicht zu liegen, sondern am Verstand.

------------------------------------------------

*Traumerfüllung: 18. 6. 2018*

*Y hatte einen Müllsack mit vielen Dingen angefüllt, die eigentlich noch brauchbar sind. Als ich den Sack öffnete, den ich schon in den Müll werfen sollte, fand ich auch ein Kuscheltier und ein Puzzle in ihm. Das Puzzle war ein Geschenk von S gewesen.*

*Juni 2018 Das genaue Datum weiß ich nicht mehr. Jedenfalls war es vor dem 19. Weil ich gerade jetzt (21. 6. 2018) diesen Traum in dieses Buch aufnehme, erinnere ich mich an das Erlebnis vor wenigen Tagen. Ich hatte im Wohnzimmer geschlafen und wurde wach, weil die Hunde bellten. Als ich nachsah warum sie solchen Lärm machten, bemerkte ich das Baby unserer Nachbarn, das wild auf dem Gehsteig vor unserem Haus herum fuhr. Ständig fuhr es hin und her, die Eltern sahen zu. Es saß auf einem Auto aus Plastik.*

---------------------------------------------

23. 4. 2018

Ein Krimineller sollte seinem Boss die Beute zurückgeben, doch er hatte sie nicht mehr. Das war für ihn gefährlich. Ein Mädchen hatte sie ihm gestohlen. Das war für das Kind gefährlich. Es versteckte ein Gerät in der Wohnung des Bosses.


18. 4. 2018

Wir wohnten in einem seltsamen Haus. Plötzlich merkte ich, dass es irgendwo brannte. Ich suchte nach dem Brandherd. Ein Haus in der Nähe schien zu brennen. Dann qualmte es auch noch an einem anderen Ort und schließlich auch bei uns. Mit dem Schlauch versuchte ich das Feuer zu löschen. Ein Feuerwehrmann sagte, man solle alle Sachen aus dem Fenster werfen. Das taten wir aber nicht. Es müsse sich wohl um Brandstiftung handeln, meinte ich. S und Y wohnten in demselben Haus, aber in verschiedenen Stockwerken. Auch D wohnte dort. Er hatte eine Katze. Um diese kümmerte ich mich, damit sie nicht weg läuft. Passieren konnte nichts, denn die Feuerwehr war schon da. Es gab eine Terrasse. Die Gitterstäbe lagen zu weit auseinander. Da hätte die Katze durchschlüpfen können. D meinte er werde die Terrasse absichern.

15

## 17. 4. 2018

Plötzlich merkte ich, dass mich ein älterer Mann verfolgte. Er war eher klein, nicht dick, aber doch eher rundlich. Vom Typ her war er ein heller Europäer. Als er merkte dass ich ihn bemerkt hatte, begann er ein seltsames Lied zu pfeifen. Obwohl ich nicht wusste warum er das tat, kam ich auf die Idee, es handele sich vielleicht um ein Erkennungszeichen. Das erschreckte mich. Plötzlich wurde ich hektisch. Niemand sagte etwas, trotzdem wusste ich spontan, dass er Russe war. Wollte er mir Angst machen, oder dachte er ich würde zu seiner ehemaligen Gruppe gehören, falls er ein Agent war? Hielt er mich für einen Feind? Darüber dachte ich nach, kam jedoch zu keinem Ergebnis. Dann lächelte er auch noch dazu seltsam. Wollte er mich irgendwie, irgendwem verdächtig machen? Der Mann schien gefährlich zu sein und ich hatte keine Ahnung wie ich auf ihn reagieren sollte.

## 10. 4. 2018

Ganz gegen meine Gewohnheit sollte ich auf Urlaub fahren. M wollte uns in die Türkei bringen und später auch wieder von dort abholen. Leider war ich darauf nicht vorbereitet und hatte deshalb auch noch nicht den Koffer gepackt. Das war schlimm,

16

denn darum hatte ich fast nichts mit. Mehrmals ging ich zurück in unsere Wohnung und suchte schnell etwas zusammen. Das wiederholte sich immer wieder.

8. 4. 2018

*Jemand hatte den Prinz und die Prinzessin von England kennen gelernt. Sie waren noch jugendlich. Beide benahmen sich unauffällig, weil sie nicht von jedem erkannt werden wollten. Offenbar führten sie ein ganz normales Leben.* Ich sagte zu dieser Person, sie solle anderen Leuten nicht erzählen wer die Beiden waren.

------------------------------------------------

*Bei dieser Aussage könnte es sich um eine wichtige Voraussage handeln.*

------------------------------------------------

16. 3. 2018

Als ich den Nachbarn traf erzählte ich ihm, wir wollten das Haus verkaufen. Anscheinend wollte er es doch nicht haben, obwohl er früher gesagt hatte, ich solle es ihm rechtzeitig mitteilen, damit er es kaufen kann. Entweder hatte er das Interesse verloren, oder er tat es, um den Preis zu drücken.

17

15. 3. 2018

Eine Frau konnte aus ihrem Körper
austreten, wenn sie sich sehr anstrengte.
Zuerst lag ein Kind auf ihrem Schoß. Das
Kind weinte kurz, weil die Hunde bellten.
Da ging die Frau ins Nebenzimmer und sah
nach. Ich sah ihr zu. Später hielt ich sie
für einen Geist. Viele Menschen waren zu
sehen und eine fliegende, rote Katze.
Jemand gab ständig dunkle, seltsame Töne
von sich. Ich äffte ihn nach. Dann sah ich
hoch. Auf einer Terrasse stand ein Mann. Er
befand sich inmitten einer Menschenmenge.
Von ihm stammten die Geräusche. Er war
groß, hatte dunkles Haar, große dunkle
Augen und war im mittleren Alter. Der Mann
bemerkte mich sofort. Ich sagte: "Jetzt
rufe ich meinen Mörder an!" Eine Stimme
rief mir zu: "James Delany ist tot!"


25. 2. 2018

Den Traumanfang vergaß ich leider. Meine
Erinnerung setzt ein, als ich in einem Raum
war in welchem ich entsetzlich fror. (Das
entsprach der biologischen Realität, denn
im Schlafzimmer war es sehr kalt.) Es
handelte sich um einen Keller. Anscheinend
hatte ich keine richtige Wohnung, deshalb
musste ich in einem winzigen Zimmer im
Keller wohnen. Ich glaube es reichte gerade
aus, um sich liegend auszustrecken. Also

ungefähr 2x2 Meter. Das wäre enorm beängstigend gewesen, doch weil es nach mehreren Seiten hin offen war, befand man sich sozusagen in zwei Räumen gleichzeitig. Der Raum in dem sich mein Zimmer befand, war auch nicht sehr groß. Dort wohnten mehrere Personen. Es gab auch noch einen weiteren, winzigen Raum, der wie ein echter Keller aussah. Drinnen war es sehr dunkel und es standen alte Gegenstände herum. Schmutzig war es auch. Plötzlich hatte ich einen sehr kleinen Vogel, den ich herum trug. Fliegen lassen wollte ich ihn nicht, denn dann wäre er mir weg geflogen. Zeitweise trug ich ihn nämlich ins Freie, damit er die Natur genießen konnte. Drinnen hatte ich Angst er würde vielleicht in den richtigen Keller fliegen und dort umkommen. Einmal kam ich nach Hause, da fand ich an der Türe drei große Papierblätter, auf denen etwas stand. Es waren drei Briefe, die mir jemand geschrieben hatte. Die Hausmeisterin hatte sie vermutlich gelesen und das ärgerte mich. Zuerst dachte ich, sie habe sie geöffnet, doch dann war ich mir nicht mehr so sicher. Vielleicht waren sie nur gefaltet gewesen und hatten kein Kuvert gehabt. In welcher Zeit befanden wir uns? Ich wusste es nicht. Die Briefe las ich aufmerksam. Leider habe ich vergessen was drinnen stand.
Eltern kamen, gaben ihre Kinder einfach ab und gingen wieder. Das konnte ich nicht verstehen. Den anderen Kindern konnte ich

19

nicht helfen, meinem Kind schon. Ich umarmte es und ließ es nicht gehen. In der Früh träumte ich ebenfalls. Unabhängig von der Handlung hörte ich jemanden laut rufen: "Jöööörg!" Zwei Buben gingen neben mir und unterhielten sich. Der Größere erklärte dem Kleineren etwas. Ich hörte zu und war von ihm beeindruckt. Deshalb lobte ich ihn und klopfte ihm gönnerhaft auf die Schulter. So kamen wir ins Gespräch. Die Beiden mochten mich. Als wir an jemandem vorbei gingen, machte der Große eine Bemerkung die für mich unangenehm hätte enden können. Es betraf das Schulterklopfen. Man konnte den Eindruck gewinnen, ich hätte ihn sexuell belästigt, was aber nicht der Fall war. Kurzerhand hielt ich ihm den Mund zu, zog ihn weiter und erklärte ihm, er solle das nicht sagen. Er verstand und schwieg. Wir gingen weiter. Einer der Buben fragte mich: "Nimmst du auch schon Pillen, damit du träumen kannst?" Ich war sprachlos und verwirrt. Was wollte er damit sagen? "Nein, ich träume sowieso!", antwortete ich. Er war mit meiner Antwort zufrieden. Zwei Männer unterhielten sich. Im realen Leben wäre es mir nicht möglich gewesen zu verstehen wovon sie sprachen. Sie waren gar nicht in unserer Nähe. Trotzdem sah und hörte ich sie deutlich. Sie wollten die Buben dazu benutzen, jemanden zu denunzieren. Nun dachten sie nach wie sie das anstellen könnten. Direkt konnten sie an die Kinder nicht heran, deshalb wollten sie auch mich irgendwie in ihre Pläne einbeziehen. "Was sollen wir machen?", frage der Eine und der andere meinte: "Etwas das 3 Jahre sitzt!" Ein seltsamer Satz, über den ich erst nachdenken musste. Wahrscheinlich meinen sie, es solle für 3 Jahre Gefängnis reichen, was man ihm in die Schuhe schieben will, dachte ich. Sie grinsten bösartig und dazu sah ich eine Karikatur. Das Gesicht eines nicht mehr jungen, sehr dicken Mannes, ohne Bart, mit Doppelkinn. Entweder hatte ich diesen Mann schon vorher im Traum gesehen und es vergessen, oder ich träumte auch das nur. Jedenfalls sah ich den Mann auch so wie er wirklich aussah, denn ich dachte die Karikatur sei treffend.

19.2.2018

Es ging in dem Traum um geistig zurück gebliebene Kinder. Wahrscheinlich identifizierte ich mich mit keiner der handelnden Personen wirklich. Zeitweise hielt ich mich für die Mutter eines solchen Kindes. Behinderte Kinder wurden einfach abtransportiert. Ich hatte so ein Kind. Es war lieb und freundlich. Verstehen konnte es nicht was man mit ihm vor hatte. Anscheinend hatten jedoch die Eltern das letzte Wort und nicht der Staat. Anfangs wollte ich es zwar nicht zulassen, war jedoch ziemlich unsicher. Offenbar gab es doch einen gewissen Druck. *Als ich dann sah, dass die Kinder auf offene Lastautos verladen wurden, begann ich zu bezweifeln, dass man es mit ihnen gut meinte. Mehrere Kinder saßen schon auf der Ladefläche. Niemand war bei ihnen. Schließlich merkte ich wie brutal man mit ihnen umging. Das erinnerte an diese leidigen Tiertransporte. Mir wurde klar, diese Kinder würden einer schlimmen Zukunft entgegen gehen.*

------------------------------------------------

Dieser Traum enthält vermutlich einen wichtigen Hinweis auf eine gefährliche Entwicklung.

------------------------------------------------

8.2.2018

Derzeit schlafe ich wenig und träume deshalb auch wenig. Heute habe ich sehr viel geträumt, aber alles vergessen, bis auf einen Satz.

Jemand sagte etwas über eine Person die alles austauschen, oder vertauschen wollte: "Die Kutsche statt der Droschke?"

------------------------------------------------

Erfüllung:
Es könnte aber auch umgekehrt gewesen sein. Dazu muss ich sagen, dass ich das Wort

"Droschke" zwar kenne, aber keine genaue Vorstellung davon habe was das ist. Deshalb habe ich mich schlau gemacht. *"Eine Droschke ist ein leichtes, offenes und gefedertes Gefährt für bis zu fünf Personen."* (wikipedia)
*"Eine Kutsche ist ein gefedertes Fuhrwerk, also ein von Zugtieren gezogener, aber jedenfalls gedeckter Wagen." (wikipedia)*
Diese Definition war mir nicht geläufig.
Wie sich herausstellte dürfte es sich um einen bereits erfüllten Traum handeln.
Am 15. April 2018 10:34 Uhr erschien folgender Artikel auf https://www.sn.at/panorama/oesterreich/pferde-drehten-durch-drei-verletzte-bei-kutschenunfall-26704231
*"Ein Unfall mit einer vierspännigen Kutsche in Baumgartenberg (Bezirk Perg) hat am Samstagabend drei Verletzte gefordert. Der 59-jährige Kutscher musste mit dem Notarzthubschrauber ins Linzer Unfallkrankenhaus geflogen werden. Eines der Tiere war gestürzt, die anderen drei Pferde begannen zu scheuen. Die mit acht Personen besetzte Droschke stürzte nach rund 100 Metern um, berichtete die Polizei."* Es kommt sowohl das Wort Droschke, als auch das Wort Kutsche vor.
*Oft greift ein Traum besondere Worte auf, ohne auf das Geschehen genauer einzugehen. Mir fiel das auf, weil ich einige Zeit über von den Schlagzeilen in einer Zeitung träumte. Wobei immer einen oder zwei Tage*

23

*später der genaue Wortlaut in der Zeitung*
*zu lesen stand.*
-------------------------------------------


3. 2. 2018

Ich brauchte unbedingt eine Unterschrift
unter ein Dokument, von irgendeinem einem
Anwalt. Leider habe ich vergessen was für
ein Dokument das war, obwohl ich es im
Traum kurz sehr genau sah. Auf meiner Suche
nach einem passenden Anwalt kam ich zu
einer Leni Riefenstahl. Es handelte sich
aber nicht um die Fotografin, sondern
wahrscheinlich um ihre Tochter, die genauso
hieß wie die Mutter. Diese Unterschrift von
ihr zu bekommen war gar nicht einfach.
Sogar betteln musste ich darum. Doch dann
bekam ich sie endlich nach langen
Diskussionen. Leider habe ich vergessen was
genau wir dabei besprachen. Riefenstahl
schämte sich für ihren Namen. Immer wieder
würden Leute sie fragen, ob sie die Tochter
der Fotografin sei. Obwohl mich diese Frage
auch beschäftigte, sagte ich nichts. Später
meinte ich, sie könne doch einfach ihren
Namen ändern. Das wollte sie tun.


2. 2. 2018

Wie der Traum begann weiß ich nicht mehr so
genau. Jedenfalls fuhr ich in einem Auto in

einer kleinen, deutschen Stadt umher, deren Name ich zwar wusste, den ich jedoch vergaß. Alles wirkte hell und freundlich. Irgendwie gelangte ich auf einen Parkplatz vor einer Schule. Den durfte man ohne Genehmigung nicht einmal befahren und parken durfte man dort daher auch nicht. Das bemerkte ich leider erst, als ich schon wieder am Ausfahren war. Genau da wurde ich von einer Angestellten erwischt. Ich entschuldigte mich und erklärte ihr, weshalb ich den Hinweis nicht bemerkt hatte. Um etwas abzulenken fragte ich etwas wegen einer Fahrschule, die es in dem Haus, jedoch nur für die Kinder, gab. Woraufhin mir die freundliche Dame mehrere Fahrscheine für öffentliche Verkehrsmittel gab. Das war noch dazu ein Geschenk.

Danach ging ich in einem Gebäude herum. Vielleicht handelte es sich dabei um diese Schule. Nun war meine Mutter bei mir. Sie sah fremd aus, war also nicht wirklich sie selbst. Das Gehen fiel ihr schwer. Im Verlauf des Traums mussten wir immer wieder schnell und noch dazu etwas weitere Strecken gehen. Damit hatte sie große Probleme, weil sie schwach war und ihr die Luft ausging. Genau erinnere ich mich nicht mehr worum es dabei ging.

Von der Bürgermeisterin der Stadt war die Rede. Später begegnete ich ihr sogar persönlich in dem Haus. Allerdings unterhielt sie sich nicht mit mir. Sie kannte mich nicht und wir hatten auch

nichts miteinander zu tun. Ich stand
sozusagen in der Menge und beobachtete sie.
Die Frau sah gut aus, war vermutlich um die
Fünfzig, war freundlich zu den Leuten.
Wahrscheinlich war sie blond und hatte eher
längeres Haar, welches sie nicht offen
trug. Trotz ihrer Freundlichkeit wirkte sie
eher ernst. Insgesamt machte sie einen
eleganten, sympathischen Eindruck. Sie
strahlte eine natürliche Autorität aus.
Alles was ich in dieser Stadt erlebte,
hatte irgendwie mit den öffentlichen
Verkehrsmitteln und mit Führerscheinen zu
tun.


29. 1. 2018

M. hatte an einer Wand enorm viele Portrait
Fotos von Frauen aufgehängt. Jede dieser
Frauen wollte er persönlich anschreiben, um
einen Kontakt herzustellen. Das machte er
ganz offen. Er fragte mich sogar ob ich ihm
dabei helfen könne. Das wollte ich tun. Ich
meinte jedoch wenn er das tut, mache ich es
auch. In Folge dessen hängte ich auf einer
anderen Wand viele Potrait Fotos von
Männern auf. Allerdings hatte ich nicht so
viele Fotos wie er. Er wusste nicht, dass
ich mich mit diesen Männern gar nicht
treffen wollte. Nur im Internet wollte ich
Gedanken austauschen. Ihn störten die Fotos
nicht. Das sagte schon einiges aus. Ich
glaube es gab auch einige Buchstaben und

Zahlen im Zusammenhang mit den Fotos, oder mit dem Versuch diese Leute anzuschreiben. "Willst du dich scheiden lassen?", fragte ich M., denn ich fühlte da wäre etwas nicht in Ordnung. Er sagte: "Ja!" (Anmerkung: Ich weiß nicht ob wir tatsächlich wir selbst waren, weil wir anders als real aussahen. Das wurde mir im Traum nicht so bewusst. Da der Traum total falsche Aussagen zur möglichen Zukunft macht, waren wir eher nicht wir selbst.) Wir blieben beide ganz ruhig. "Dann musst du aber auch Unterhalt zahlen!", meinte ich. Zuerst dachte ich dabei an die Kinder, doch dann wurde mir bewusst, dass er für sie gar nicht mehr sorgen muss. Für mich würde er bezahlen müssen, zumindest in der ersten Zeit, solange ich eine Ausbildung machen würde. Denn nach der Scheidung müsse ich arbeiten gehen, dachte ich. Darüber freute ich mich sogar. Endlich könne ich studieren. Da begann ich zu überlegen was ich studieren solle. Nichts bei dem man sich viel merken müsse, denn das wollte ich nicht. Frei war ich nun und ich fühlte mich auch so. Ein tiefes Gefühl der Erleichterung ergriff mich.

Anfangs waren wir in unserem Haus gewesen. Alles wirkte wie real. Doch jetzt waren wir unterwegs. Wo wir waren weiß ich nicht. M. parkte mehrmals hintereinander an einer bestimmten Stelle. Dort gab es eine Stange für ein Verkehrszeichen. Jedes Mal fuhr er danach in einem engen Bogen um diese Stange

27

herum. Anders ging das nicht, wenn man
wieder von dort wegkommen wollte. Jedes Mal
wunderte ich mich, dass er das schaffte,
ohne irgendwo dagegen zu fahren. Um seine
Eltern nicht zu verletzen bot ich ihm an,
mit ihm einmal im Jahr zu diesen auf Besuch
zu fahren, so als wären wir noch zusammen.
(Real sind seine Eltern schon gestorben.
Wieder ein Hinweis darauf, dass es sich um
fremde Menschen handelte.) Seinen Vater
hätte unsere Scheidung besonders hart
getroffen.
Wir waren plötzlich bei seinen Eltern. Die
Mutter sah ich nicht, aber den Vater. Ich
grüßte ihn, doch er sah nur starr vor sich
hin. "Du darfst ihn nicht ansehen!", meinte
M. Das verstand ich nicht.
Es waren nur wenige Worte die jemand zu mir
sagte: "Von dem Vertrag weißt du nichts?"
Ich sagte: "Welcher Vertrag?" Daraufhin
wurde ich wach und zerbrach mir den Kopf
was damit gemeint sei.
------------------------------------------------
*Mögliche Traumerfüllung:*
*3.2.2018 drehten wir gegen Mittag den*
*Fernseher auf, um Nachrichten zu sehen.*
*Kurz sahen wir zu, dann schaltete M. auf*
*einen anderen Sender. Dort lief gerade*
*ab 10.15*
*Nachtcafé*
*https://www.swr.de/nachtcafe/sendung-am-2-*
*wenn-die-liebe-*
*geht/-/id=200198/did=20857762/nid=200198/sd*
*pgid=1518669/hjl2mm/index.html*

Talkshow

Gäste bei Michael Steinbrecher

Wenn die Liebe geht

Vermutlich eine Wiederholung vom Vortag. Dabei ging es um Trennung. Mehrere Personen erzählten ihre diesbezüglichen Geschichten. Ich habe nur kurz zugesehen, weiß daher nicht so genau was die Leute erlebt hatten Das ist also keine absolute Übereinstimmung, aber eine sinngemäße. Das Thema Trennung wurde ausführlich erörtert. Auch darüber was danach geschah, wurde teilweise geredet. Kinder wurden ebenso erwähnt. Der Traum hat dieses Thema vermutlich aufgegriffen. Zu M. und mir gab es insofern eine Beziehung, als er die Sendung eingeschaltet hat. Es war reiner Zufall, denn diesen Sender sehen wir so gut wie nie an. Wer will kann diese Sendung online ansehen. Mir fehlt im Moment die Zeit um sie anzusehen und zu analysieren.

Der Traum "passte nicht" auf unsere Situation, was mir sogar im Traum zeitweise bewusst wurde. Denn die Kinder sind erwachsen und ich bräuchte nicht arbeiten gehen, also auch keine Ausbildung machen. Offenbar identifizierte ich mich im Traum mit einer eher jüngeren Frau die Kinder hatte.

Beweisbar ist es nicht, dass der Traum diese Sendung verarbeitet hat, weil keinerlei Namen genannt wurden und auch kein direkter Hinweis auf ein Fernsehprogramm auftauchte. Ich halte es

29

*für möglich und auch für wahrscheinlich, weil der Zeitpunkt der Ausstrahlung ziemlich nahe am Zeitpunkt des Traums lag. Beweisbar ist es auch insofern nicht, als mir bekannt hätte sein können, dass diese Diskussion stattfinden würde. Trotzdem gebe ich diese Erfüllung zu meiner Statistik. Da viele Träume zu wenige Anhaltspunkte bieten, kann eine Studie nur eine Statistik sein. Aber ich bin zuversichtlich, dass irgendwann Träume auftauchen werden, die eindeutiger sind.*

*4.2.2018 Heute waren wir auf Besuch. Eine junge Dame war da, die gerade Architektur studiert. Wir unterhielten uns mit ihr über das Studieren an sich, weil sie auch noch etwas anderes studieren möchte. Weniger damit sie das Fach als Beruf ausüben kann, sondern mehr aus reinem Interesse. Sie meinte, das würden auch ältere Leute machen. In ihrer Gruppe wären zwei Personen die schon etwas älter seien. Ein Mann sei sogar schon über 60 Jahre alt*

*Ob eine dieser Personen gerade geschieden wurde und deshalb zu studieren begann, weiß ich nicht. Das wollte ich nicht fragen und das wird sie auch nicht wissen. Somit kann ich nicht sagen ob es sich um eine absolute Übereinstimmung handelt, oder nur um eine teilweise.*

-----------------------------------------------

25. 1. 2018

Gerade war ich in Unterwäsche, da hörte ich
jemanden kommen. Y. saß im Wohnzimmer, die
Türe war zu. Ich versuchte ihr zuzurufen,
sie solle nachsehen wer denn da komme. Sie
hörte mich nicht. Zur Türe konnte ich nicht
gehen, da hätten mich die Besucher sehen
können. Das wollte ich nicht. Also sah ich
so halb hinter der Türe vom Arbeitszimmer
hervor. Es war meine Mutter, mit einer
Freundin. (Meine Mutter ist bereits
verstorben.) Die Freundin sollte mich so
nicht sehen.

Die Beiden kamen in mein Arbeitszimmer,
während ich mich ins Schlafzimmer zurück
zog, um mich anzuziehen. Meine Mutter kam
mir nach. Sie begann den Kasten zu ordnen.
"Ich möchte den Haushalt machen!", sagte
sie. Die Aufteilung der Räume wirkte
genauso wie im realen Leben, doch die
Einrichtung sah anders aus. Sie solle ihre
Freundin nicht alleine warten lassen,
meinte ich zur Mutter, doch sie reagierte
gar nicht. Stur machte sie weiter, als habe
sie mich nicht gehört. Ob sie wie im realen
Leben aussah, weiß ich nicht sicher.
Zumindest sah sie sehr ähnlich aus, war
jedoch etwas jünger. Endlich war ich
bekleidet. Nun ging ich zu der Freundin ins
Nebenzimmer. Meine Mutter kam nicht mit.
Sie machte einfach weiter. Erst als ich sie
ins Zimmer zog, kam sie widerstrebend mit.

31

Ich setzte sie auf einen Stuhl. Dort blieb sie sitzen. Insgesamt machte sie einen dumpfen Eindruck. Langsam wurde mir klar, sie war total beeinträchtigt. Die Freundin, die sich als Fremde entpuppte, nannte sie dumm. "Sie ist sehr dumm!", meinte sie wörtlich. Das wunderte mich. Ich konnte es kaum glauben. Körperlich schien sie gesund und leistungsfähig zu sein. Nun sah ich mir die Frau genauer an. Sie war offensichtlich nicht die Frau "Professor", für die ich sie gehalten hatte. "Bauer", stellte sie sich vor. (Ich bin mir ziemlich sicher, sie nannte sich Bauer. Könnte aber auch Müller gesagt haben. Jedenfalls war es ein ähnlich einfacher deutscher Name.) "Wie kommen Sie eigentlich zu ihr?", fragte ich überrascht. Wahrscheinlich bekam ich darauf keine genauere Antwort. Offenbar hatte meine Mutter alleine gelebt. Sie war schon lange nicht mehr zu uns gekommen, deshalb wusste ich nicht in welchen Umständen sie lebte. Wie sie das bewältigte war mir nicht klar. In ihrem geistigen Zustand war sie gefährdet, von anderen Menschen ausgebeutet zu werden. Wahrscheinlich besaß sie aber gar nichts. Frau Bauer verdächtigte ich, meine Mutter ausnützen zu wollen. Das wollte ich unbedingt verhindern.

------------------------------------------------

*29.1.2018*
*https://kurier.at/leben/hausarbeit-kann-wohlbefinden-von-senioren-*

*steigern/308.733.760*
*folgender Artikel:*
*"Hausarbeit kann Wohlbefinden von Senioren steigern"*
*... Die Forscher schauten sind danach an, welche Auswirkungen das Verhalten auf das gesundheitliche Wohlbefinden hat. "Alle fühlten sich gesünder, wenn sie im Haushalt etwas leisten", betont Forscher Tilman Brand...."*
*Das ist zwar keine totale Übereinstimmung, aber eine sinngemäße. Schließlich geht es bei dem Artikel nicht um eine Geschichte, sondern um einen Forschungsbericht. Der Traum stellt ihn in Form einer Geschichte dar.*

--------------------------------------------


23. 1. 2018

Als ich zu einer Kreuzung kam bemerkte ich, dass jemand gerade einen 3D Übergang herstellen wollte. Es sah aus als habe er das gemacht um mich zu verwirren. Das gelang ihm aber nicht, weil ich kurz davor abbog.


22. 1. 2018

Wahrscheinlich waren wir nicht in Österreich, sondern in der Türkei. Gemeinsam mit M., der vielleicht anders als

33

real aussah, also nicht er selbst war, ging ich auf einer Straße, die ich aus dem realen Leben nicht kannte. Er wollte auf seine Uhr sehen - sie war weg. Gestohlen! Das hatte er gar nicht bemerkt. Wir befanden uns direkt vor einem kleinen Geschäft. In der Auslage waren Gegenstände zu sehen die uns gehörten. Große silberne Gefäße waren es, die ich real weder kenne noch besitze. Im Traum erkannte ich sie aber als mein Eigentum. "Das lassen wir uns aber nicht gefallen!", meinte ich zornig und ging hinein. Es war sehr eng dort. Drinnen war nur eine Verkäuferin, die gerade eine Kundin bediente. Zuerst hielt ich sie für eine Asiatin, aber dann zweifelte ich daran. Zwei Jugendlich die wir (nur) im Traum kannten waren da. Sie hatten uns bestohlen. Deshalb war es leicht zu beweisen, dass es unsere Gegenstände waren. Die Frau gab sie zurück. Ich meinte, man könne kein Vertrauen mehr haben, usw. Ein Jugendlicher zeigte sich reuig und sagte: "Keine Sorge, ich finde unsere You tube Baustellen!" Was das bedeutete wusste ich nicht einmal im Traum.


19. 1. 2018


Ich war in einem Krankenhaus. Zuerst war ich Patientin. Welche Krankheit ich hatte weiß ich aber nicht mehr. Plötzlich stand ich auf und begann dort zu arbeiten.

34

Niemanden schien das zu wundern. Was genau ich tat weiß ich auch nicht mehr. Ich glaube ich wechselte die Bettwäsche, schüttelte sie aus, usw.


18. 1. 2018

Gemeinsam mit einer großen Gruppe war ich am Meer. Wir sprangen ins Wasser. Ich mit dem Kopf voran, doch ich konnte nicht eintauchen. Es war irgendwie fest. Vor allem aber war es extrem warm, fast schon heiß. Schwimmen konnte ich dann doch. Hoffentlich gibt es hier keine Haie, dachte ich. Die Strecke die wir schwimmen mussten war sehr kurz. Überrascht stellte ich fest, dass es auch gar nicht sehr tief war. Schon nach wenigen Metern konnte ich den Boden spüren.

Nachdem wir das Ufer erreicht hatten, sollten wir auch gleich wieder zurück ins Wasser und eine bestimmte Stelle am anderen Ufer erreichen. Erst da wurde mir klar, dass wir alles falsch eingeschätzt hatten. Das Meer machte dort einen Bogen und endete in einer Sackgasse. Deshalb war die Strecke die vor uns lag auch nur kurz.
Wir waren in einem Krankenhaus. Ich glaube das bemerkte ich erst als ich schon drinnen war. Extrem viele Menschen waren dort, man konnte sich nur mühsam einen Weg durch die Massen bahnen. Sie waren alle krank. Ich

schien gesund zu sein. Gerade als ich schon fast beim Ausgang war, kam mir ein Arzt entgegen. Er wunderte sich anscheinend, weil ich auch da war. Den lachte ich an und meinte: "Ich bin nur hier, um mir Bakterien zu holen." Dann ging ich hinaus. Natürlich hoffte ich in Wahrheit, nicht auch krank zu werden. Mir war nur bewusst geworden, in Gefahr zu sein. Wie blöd bin ich denn, dass ich mich unter lauter kranke Menschen mische, die alle ansteckend sind, dachte ich.


16. 1. 2018

Soll ich das nun als Traum werten? Als ich heute Nacht einschlafen wollte, aber noch total munter war, traten plötzlich undeutliche Bilder auf. Zwar waren es bewegte Bilder, also traumähnliche Sequenzen, aber es war so als ob man einen Film ansieht, nicht so als wäre man selbst irgendwie involviert. Leider war alles sehr undeutlich, fast durchsichtig. Was genau zu sehen war, kann ich daher nicht sagen. Ich hatte nicht das Gefühl es würde sich um eine richtige Handlung handeln. Eher waren es sogar verschiedene Szenen, die nichts miteinander zu tun hatten. Ich sah verschiedene Menschen und Gegenstände. Ins Geschehen eingreifen hätte ich nicht können, so wie das bei luziden Träumen der

Fall ist. Es war ja kein luzider Traum, sondern sogar das Gegenteil.


14. 1. 2018

Der heutige Traum bestand aus zwei Teilen. In einem Teil ging es um "heftige Turbulenzen", wie ich es wörtlich nannte. Denn als ich zum Himmel hinauf blickte, sah ich riesige Gegenstände durch die Luft wirbeln. Teile von LKWs, aber auch einen Betonmischer. Dort wo ich stand war aber anscheinend alles relativ ruhig, denn sonst wäre ich selbst ja auch durch die Luft geflogen.

Der zweite Teil beschäftigte sich mit Zetteln, die jemand mir und auch einigen anderen Personen zugeschickt hatte. Diese Zettel waren gefaltet. Meinen konnte ich nicht öffnen, deshalb bat ich jemanden um eine Pinzette. Wahrscheinlich bekam ich aber etwas anderes, mit dem ich meinen Versuch startete. Jemand anderer meinte, auf dem Zettel stehe gar nichts drauf. Das verunsicherte mich irgendwie. Niemand konnte verstehen was der Absender damit bezweckte.

-----------------------------------------------

Erfüllung:
*Der Sturm "Friederike" tobt über Deutschland und Teile Österreichs. Es gibt Tote und arge Zerstörungen.*

37

18.1.2018 *Umgestürzte Bäume, abgedeckte Häuser, gesperrte Straßen: Orkantief "Friederike" hat bei seinem Weg über Deutschland große Schäden angerichtet. Mehrere Menschen kamen ums Leben.*

https://www.mdr.de/nachrichten/vermischtes/sturmtief-friederike-wuetet-ueber-deutschland-100.html

*Es gibt ein Video im österr. Fernsehen das einen jungen Mann mit Fahrrad zeigt. Ihm fliegt das Rad aus der Hand. Man sieht aber auch einen LKW der zwar nicht durch die Luft geflogen ist, aber umgekippt wurde.*
*Hier gibt es ein Video auf dem zu sehen ist, wie Teile von Dächern durch die Luft fliegen und man sieht auch den LKW der umkippt.*

https://kurier.at/chronik/weltchronik/sturmtief-friederike-sorgt-fuer-orkanboeen/307.193.181

*Zudem gibt es ein Video aus Österreich, das einen Mini-Tonado zeigt. (17.1.2018)*
ttp://kaernten.orf.at/news/stories/2890042/ und https://www.youtube.com/watch?v=LQsjxvMJjg4

*Es könnte sich also auch um eine Assoziation handeln, denn bei einem Tornado fliegt alles in die Luft. Oft nimmt ein Traum ein ganz nahes Ereignis zum Anlass, um ein späteres zu erzählen. Dabei kann es zu Vermischungen kommen.*
*Es stimmt auch, dass ich nicht involviert war, denn zu uns kam der Sturm nicht.*

----------------------------------------

38

9. 1. 2018

Man konnte jemanden sichtbar oder unsichtbar machen. Dazu hatte ich etwas das ähnlich wie eine Ölkreide aussah. Farbe hatte es aber keine. Eine Flüssigkeit trat aus. Strich man damit jemandem über die Haut, begann die Veränderung. Man wurde unsichtbar. Als wäre diese Person einfach verschwunden. Spüren konnte man sie auch nicht mehr. Es gab verschiedene Situationen, während derer ich einige Menschen verwandelte. Mich selbst schließlich auch. Erst da erkannte ich, dass es genauso umgekehrt funktionierte. Vielleicht ging es um eine symbolische Erklärung von Leben und Tod? In der normalen Umgebung befanden sich immer Unsichtbare, die nur nicht wahrgenommen werden konnten. Diese normal Unsichtbaren konnten manchmal kurz die Sichtbaren wahrnehmen, die Sichtbaren aber die Unsichtbaren nicht. Durch diesen Stift konnte ich - wenn ich selbst unsichtbar war - auch die Unsichtbaren sichtbar machen. Also von meinem gerade herrschenden Zustand aus, konnte ich die für mich und die anderen gerade Sichtbaren, in einen unsichtbaren Zustand verwandeln. Das Aussehen veränderte sich dabei nicht. Das war aber nur durch diesen Stift möglich. Normalerweise geschah es nicht. Man kann sagen, es bestand eine einzige Welt, die für alle gleich aussah, in der

39

sich zwei Ebenen gleichzeitig befanden. Auf jeder Ebene existierten Menschen (ob es noch andere Lebewesen auf beiden Seiten gab weiß ich nicht) die nur diejenigen wahrnahmen, die auf derselben Ebene lebten.

Zeitweilig war es lustig die Menschen von einer Ebene in die andere zu transformieren, mit der Zeit wurde es aber doch eher ernst. Ich wollte durch meine Manipulationen etwas erreichen (vergessen was), bekam dann jedoch Angst, es könne sich vielleicht mit der Flüssigkeit nicht ausgehen und ich bliebe dann unter Umständen auf der unsichtbaren Seite hängen. Das wollte ich nicht.


6. 1. 2018

Als ich nach Hause kam, fand ich ein Leporello auf dem Tisch liegen. Es war offensichtlich nicht von uns, also musste es jemand heimlich ins Haus gebracht und dort deponiert haben. Grell gelbe Farbe dominierte, wahrscheinlich hatte es auch Bilder, aber daran kann ich mich nicht so genau erinnern. Alles in allem war es extrem auffällig. Als ich es näher betrachtete merkte ich, es stammte von der KPÖ. Das erstaunte mich noch mehr. Wer mag es gebracht haben und zu welchem Zweck? Um das zu erfahren wollte ich zur KPÖ gehen, doch dazu hätte ich ins Ausland fahren müssen und das wollte ich nicht. Auf die Straße ging ich aber. C. war auch da, Frau J. kam hinzu. Letztere trug einen dicken Pelzmantel. Das störte mich, aber ich sagte dazu nichts. "Geht es Ihnen jetzt wieder besser?", fragte ich freundlich, "Ihnen ist es ja in letzter Zeit sehr schlecht gegangen!"


2. 1. 2018

Wir gingen die Straße hinauf, die ich von meinem Fenster aus sehen kann. Zeitweise kam sie mir wie die reale vor, dann wieder erschien sie mir fremd. Die Menschen schienen alle weg zu sein. Nur einen Arbeiter konnte ich sehen. Auch er hielt Abstand. Ich hatte ein kleines Kind dabei. "Da dürfen sie nicht hin!", schrie er mir zu. "Gehen sie weg, gehen sie!". Anscheinend war das Gebiet bereits gesperrt worden. Das hatte ich nicht gewusst. *Plötzlich hörte ich ein dumpfes Grollen. Ein Erdbeben kündigte sich an. Wir rannten weg.* (Diese Szene könnte eine wichtige Voraussage sein.)

In einem Museum, oder einem Zoo. Genau wusste ich nicht wo ich war. Es gab nämlich auch lebende Tiere. Sogar Pilze die wie meine aussahen, waren zu sehen. Allerdings waren es unzählige. Sie waren ungiftig, im

41

Zimmer sollte man sie jedoch besser nicht lange haben. Das sei ungesund.

Eine lange Warteschlange, in der ich mich leider befand. Es dauerte ziemlich lange bis ich endlich an die Reihe kam. Was ich dort überhaupt machte, weiß ich auch nicht mehr. Es hatte mit diesem Museum zu tun. Ich glaube eine Frau, vielleicht eine Psychologin saß vor ihrem Schreibtisch. Man sollte einen Fragebogen ausfüllen. In einem Zimmer saß B. mit einem Welpen. Als sie aufstand merkte man, der Hund hatte 2x aufs Sofa gepinkelt. Auch auf dem Fußboden gab es einen Fleck. Man solle ihm endlich beibringen nicht ins Zimmer zu machen, sagte jemand.


1. 1. 2018


Gefährliche Leute waren hinter mir her, weil ich etwas hatte, was sie haben wollten. Leider erinnere ich mich nicht mehr so genau an den Traum. Deshalb vergaß ich was das war. Es bleibe mir nichts anderes übrig, glaubte ich, als es ihnen zu geben. Sie hatten mir nämlich gedroht, mich sonst zu töten. Würde ich es ihnen geben, wäre das meine Rettung. Diese Leute unterhielten sich über ihr Vorhaben. Sie würden mich nachher trotzdem töten, sagte ein Mann. Das hörte und sah ich, obwohl ich gar nicht anwesend war. Sie bemerkten mich aber nicht. Also war ich nicht wirklich anwesend.

Nun wollte ich mich absichern. Es ging vermutlich um etwas Flüssiges. Einen Teil davon tat ich in einen kleinen Behälter. Diesen behielt ich. Den größeren Teil gab ich ihnen. Nach einiger Zeit bemerkten sie das. Eine Drohung nützte ihnen nichts. Ihnen war klar: ich wusste, dass sie mich sowieso ermorden wollten.

In einer Zeitung erschien ein großes Foto. Etwas Text war vermutlich auch dabei. Ich verstand genau was damit gemeint war. Es handelte sich um eine geheime Nachricht an jemanden, von dem ich nicht wusste wer das war. Niemand außer mir bemerkte diese Nachricht, weil sie ganz harmlos aussah. Es fiel zu wenig auf. Normalerweise erschienen zudem ihre geheimen Nachrichten an einer anderen Stelle in der Zeitung, inmitten von Inseraten. Diesmal war es anders. Wie genau das Foto aussah weiß ich nicht mehr, ich glaube aber es war eine Landschaft, oder ein Wald darauf zu sehen.


27. 12. 2017

Ein Mann wollte mich umbringen. Wer er war und warum er das wollte, weiß ich nicht. Er versuchte es immer wieder. Irgendwann wurde es mir zu viel. Ich begann mich zu wehren. Als er mir wieder zu nahe kam griff ich ihn an. Gerade als er zum Fenster hoch

43

kletterte um ins Haus zu gelangen, stieß ich ihn hinunter. Das überlebte er. Wieder versuchte er ins Haus zu kommen und wieder stürzte ich ihn hinab. Was immer ich ihm antat - er überlebte es. Einmal stach ich sogar mehrmals mit einem Messer auf ihn ein. Zwar stellte ein Arzt seinen Tod fest, aber er wurde wieder lebendig. Es war zum Verzweifeln.


26. 12. 2017

Im Iran gab es eine religiöse Gruppe, die plötzlich enormen Zuwachs erfuhr. Das schützte die Leute vor den religiösen, islamischen Fanatikern. Die Gruppe wurde vom Staat anerkannt. Deshalb durften sich ihre Mitglieder freizügiger anziehen und sie durften auch frei denken. Viele Menschen hatten die Bevormundung durch die islamische Regierung schon satt. Für mich war das die Lösung all meiner Probleme. Ich trat dieser Religion bei. Was genau geglaubt wurde weiß ich nicht mehr. Ich glaube auch im Traum wusste ich nichts über sie. Mir war das auch egal, Hauptsache es befreite mich. Wahrscheinlich hatte ich zuvor gar nicht gewusst dass es sie gab. Die Frauen trugen eine Kopfbedeckung die wie ein ganz dünner Schleier aussah. Er hatte die Form eines Schlauchs Der Stoff war durchsichtig. Wie eine kleine Haube

setzte man ihn auf, der Rest fiel über den Rücken hinab.
Es gab kein besonderes Aufnahmeritual. Viele Leute waren da, die gemeinsam mit mir aufgenommen wurden. Immer mehr kamen dazu.

------------------------------------------------

*Vermutlich handelt es sich um eine wichtige Vorhersage.*

------------------------------------------------


23. 12. 2017

Was bedeutet Punau? Ich habe keine Ahnung. Der Name tauchte einfach so auf, unabhängig vom sonstigen Traum. Es gibt oder gab ein Punau im Königreich Böhmen und es gibt ein Punau in Brasilien.

Ich war mit L. in einem großen Betrieb. Es gab dort Samen, Gemüse und andere Produkte aus dem Garten. Wir durften auch kosten. Ein überdachter Stand war das Zentrum. Alle Leute waren freundlich. Ein Mann bot mir an im Garten zu arbeiten. Zuerst wollte ich zustimmen, doch dann meinte er, sie würden zu Viert kommen und den ganzen Tag arbeiten. Am Abend wäre dann alles fertig. Überall wollten sie Gemüse anbauen, auch auf der Seite die R. gehört hatte. 25€ pro Stunde sollte das kosten. Auf meine Frage, ob das pro Person gelte, meinte er: "Ja!" Das wären dann ja 100€ pro Stunde gewesen, also ungefähr 1000€ für den ganzen Tag. Das war mir zu teuer, deshalb lehnte ich ab. L. konnte das nicht verstehen. Sie war beleidigt.

Eine Frau brachte einen ganzen Haufen junger Hunde daher. Die sollten ab jetzt dort leben. Ich wunderte mich, weil es so viele waren.


22. 12. 2017

*Der Traum begann mit dramatischen Szenen. Das Wasser (ich nehme an es war das Meer, es könnte aber auch ein großes Binnengewässer gewesen sein) war aufgewühlt. Feuer drang an die Oberfläche. Alles in seiner Nähe wurde verbrannt. Anfangs waren wir in einem spärlich besiedelten Gebiet. Wahrscheinlich an der Küste. Wir rannten um unser Leben. Das Feuer kam fließend immer näher, es regnete aber auch Feuer vom Himmel herab. Gleichzeitig fiel echter Regen, doch der konnte es nicht löschen. Die Menschen schliefen in ihren Häusern. Also war Nacht. Sie bemerkten die drohende Gefahr nicht. Mitten in diesem Inferno versuchten wir sie zu wecken, während wir gleichzeitig vor dem tödlichen Brand zurück wichen. Unterwegs fand ich einen Hund, den jemand richtig gehend eingepackt hatte. Er hatte keine Chance zu entkommen, weil er sich nicht bewegen konnte. Es gelang mir ihn zu* befreien. Eine Frau hatte ein kleines Kästchen bei sich. In ihm befand sich alles an Wertsachen was wir hatten. Im Traum kannte ich die Frau, im realen Leben jedoch nicht. Ich war also nicht ich selbst. Auf unserer Flucht verlor die Frau das Kästchen. Das sei unser Start für eine Zukunft in einer anderen Gegend gewesen, meinte ich. Ihr war es egal. Man konnte nicht umkehren um es zu holen. Wer weiß ob es überhaupt eine Gegend geben würde, in der man sicher sei. Nichts würde mehr sein wie bisher. Auch nicht anderswo. Nach einiger Zeit kamen wir an einen Ort, an dem die Leute anscheinend besonders gut schliefen. Das wirkte gespenstisch.

Weil das Feuer sich wieder mehr näherte, überlegten wir ob wir sie überhaupt noch wecken könnten. Vielleicht sollten wir lieber möglichst schnell weiter. Doch dann versuchten wir es doch. Die Ruhe die in dem Ort herrschte war geradezu gespenstisch. Plötzlich änderte sich die Bedeutung der Situation, oder wir begriffen endlich was sich da wirklich abspielte. *Ein Vulkan der sich unter dem Wasser befand, war ausgebrochen. Vermutlich ein Supervulkan. Er schuf eine neue Insel inmitten des Gewässers. Seine Kraft war jedoch so enorm, dass er nicht wie sonst üblich auf der Wasseroberfläche nur wenig anrichten konnte, sondern er schleuderte die Lava bis weit darüber hinaus, bis hin zum Festland.*

47

Oder bis zu einer großen Insel. Das ist unklar, es war jedenfalls Land, welches er in Brand setzte. Die Hoffnung bestand also, dass es nicht das Ende der gesamten Welt, in der Leben existierte bedeutete, sondern nur das eines bestimmten, aber doch sehr großen Gebietes. Unsere Überlebenschancen schienen gering zu sein.

------------------------------------------------

*Der Traum enthält vermutlich eine wichtige Vorhersage, oder er hat sich bereits erfüllt:*
*Am 26.12.2017 sah ich auf DMAX um ca. 23.15 Rätselhafte Phänomene.*

*Gezeigt wurde die Geburt einer Insel im Meer, ganz nahe am Festland. Es war aber kein Supervulkan, sondern ein Schlammvulkan am Meeresgrund, der sie innerhalb einer Nacht erschuf. Da gibt es keine Lava. Die Insel brannte also nicht. Vermutlich wurde der Ausbruch durch ein Erdbeben ausgelöst.*

*Es gab aber auch zwischendurch Bilder von feurigen Vulkanen zu sehen, um den Unterschied zu zeigen. Entweder hat der Traum diese Bilder vermischt, oder es handelt sich um einen Traum der diese Bilder im Traum aufruft, um vor einem bevorstehenden, schlimmeren Ereignis zu warnen. Das kommt oft vor.*
------------------------------------------------

18. 12. 2017

Wir machten einen Besuch im Zoo. Man konnte dort auf einigen Tieren reiten und das gefiel vor allem den Kindern. Die Leute mit denen ich unterwegs war, sowie die Leute auf die wir trafen, waren mir nicht aus dem realen Leben bekannt. Im Traum kannte ich aber meine Begleiter. Unter ihnen waren auch Kinder. Es gab irgendwelche Schwierigkeiten an die ich mich leider nicht mehr genau erinnere.

14. 12. 2017

Zwischendurch oder am Anfang des Traums gab es Gedanken unsere alte Wohnung betreffend. Oder besser - die Wohnung meiner Mutter. Da war mir auch klar, dass sie nicht mehr lebte. Diese Wohnung hätte ich geerbt. (nicht real) Dann habe Y. drinnen gewohnt (real) und weil sie jetzt ausgezogen war (real), würde sie leer stehen (ob sie jetzt gerade leer steht weiß ich nicht).

Es handelte sich bei der Wohnung um eine Genossenschaftswohnung (real). Die durfte man nicht leer stehen lassen, sonst würde man sie verlieren. Deshalb wollte ich mich dort anmelden - als Hauptmieterin. Meine richtige Wohnung wollte ich nur als Zweitwohnsitz angeben. Deshalb fuhr ich in den 16. Bezirk. Als ich mir den Bezirk genauer ansah, wollte ich dort nicht wirklich wohnen. Die Menschen die dort lebten gefielen mir nicht. Es war laut und unruhig.

Dann ging der Traum plötzlich ganz anders weiter. Gemeinsam mit meinen Eltern und einem befreundeten Ehepaar, sowie deren halbwüchsiger Tochter, waren wir nach Stockholm auf Urlaub gefahren. Ich gehe davon aus, dass es nicht meine realen Eltern waren, sondern fremde Menschen. Der Urlaub endete in einem Desaster. Wir suchten den 10. Bezirk von Stockholm, konnten ihn jedoch nicht finden.

Die Leute welche wir fragten schickten uns immer wieder in eine falsche Richtung. *Deshalb irrten wir in einer Gegend umher, die fast nur von Ausländern bewohnt wurde. Es waren Menschen aus der ganzen Welt. Die meisten waren total herunter gekommen, krank und lebten auf der Straße. Dort gab es vor allem Kriminelle. Drogenhändler, Zuhälter, Räuber und Mörder. Viele hatten offenbar gefährliche Krankheiten.* Der 9. Bezirk war gleich links daneben, also gingen wir nach rechts in der Annahme, der 10. Bezirk würde direkt an den 9. Bezirk grenzen. Statt ins Stadtgebiet, kamen wir in hügeliges, bewaldetes, freies Land. Also ging es wieder zurück ins Ghetto. Das Mädchen war davon begeistert. Sie wollte sich alles ansehen. Immer wieder blieb sie zurück. Wir mussten sehr gut auf sie aufpassen. Einmal stellte sie sich zu einem Mann der offensichtlich krank war. Ich vermutete eine ansteckende Krankheit, die es bei uns heute gar nicht mehr gibt. Ihre Eltern und meine Eltern standen auch dabei. "Greift ihn nicht an! Lasst euch von ihm nicht berühren!", schrie ich ihnen zu. Da gingen sie dann doch weiter. Weil wir den richtigen Weg nicht fanden, wollte ich alleine mit einem elektrischen Zweirad fahren und suchen. Wahrscheinlich sollte ich auch etwas transportieren. Das Mädchen solle ich mitnehmen, sagten die anderen. Was ich auch tat.

Unterwegs kam mir das alles komisch vor. Ich sah nach ob sie überhaupt hinter mir Platz hatte. Sie war nicht mehr da. Zwei kleine schwarze Hunde hatte ich auf dem Rad sitzen. Einer hinter mir, der andere vor mir. Verzweifelt suchte ich nach dem Mädchen, konnte sie aber nicht mehr finden. In dieser gefährlichen Gegend würde sie zum Opfer werden. Ihre Eltern waren gemeinsam mit den meinen in ein Haus gegangen, das ich für ein Kaffeehaus hielt. Dort gab es anscheinend ein Kino, in welches viele Leute drängten. Wie sollte ich sie da finden? Verzweifelt versuchte ich sie anzurufen. Schließlich musste ich ihnen sagen, das Mädchen sei verschwunden. Ich wusste die Telefonnummer nicht, obwohl es unsere eigene war. Ob es überhaupt möglich sei diese Nummer im Ausland anzurufen,

fragte ich mich. Zwei Frauen kamen auf mich
zu. Sie sagten sie mir. Nicht eine Nummer,
sondern sogar drei. Ich hatte nichts
richtiges zum Schreiben mit. Die Frauen
schienen mich zu kennen und ich sie auch.
Mehrmals forderte ich sie auf, die Zahlen
zu wiederholen. (Habe sie leider vergessen,
obwohl ich sie mühsam aufschrieb. Ich
glaube eine begann mit 144. Darüber
wunderte ich mich.) Eine der Frauen
erzählte mir ununterbrochen etwas und
lenkte mich so ab. Das ärgerte mich. "Sag
mir die Zahlen, statt ständig zu
quatschen!", meinte ich.

------------------------------------------------

*Dieser Traum enthält vermutlich eine*
*wichtige Voraussage.*
------------------------------------------------

12. 12. 2017

Mein heutiger Traum war irgendwie seltsam.
Nur ganz selten identifizierte ich mich mit
der wichtigsten Person. Meistens sah ich
ihr nur zu. Es war fast wie ein Film, bei
dem jemand auch Kommentare abgab. Zumindest
einmal stammte dieser Kommentar von mir, in
direkter Rede. Aber auch das geschah nur
selten. Im Allgemeinen sagte jemand anderer
etwas dazu, oder es gab nicht einmal einen
Kommentar.

Eine Frau hatte einen Ausländer geheiratet und war mit ihm in sein Land gezogen. Ich glaube das war die Türkei, bin mir aber nicht sicher, weil keine Moslems vorkamen, aber viele Christen. Dort lebte sie unbehelligt, bekam Kinder. Da identifizierte ich mich kurz mit ihr und erlebte wie ich die kleinen Kinder hoch hob. Danach war ich wieder nur Zuseher.

Es gab einen Putsch, oder ein ähnliches Vorkommnis. Ihr Mann geriet dadurch in ein schiefes Licht, während die Frau - weil sie Ausländerin war - unbehelligt blieb. Die Kinder wuchsen heran. Sie wurden anständige Menschen. Während sie sich mit einem Mann unterhielt, erschoss sich ihr Mann. Oder wurde er erschossen? Das war nicht so ganz klar, denn man konnte das Ereignis nicht sehen, nur hören. Also wusste man eigentlich gar nicht was passierte. Der anwesende Mann sagte kurz und kalt zu der Frau: "Jetzt hat sich ihr Mann erschossen!" Sie reagierte darauf nicht sichtlich. Es gab einen Kommentar dazu. Die Frau werde es jetzt vermutlich schwer haben, weil sie alleine sei. Doch das stimmte nicht, denn die erwartete Armut blieb aus, weil die Kinder erwachsen waren und halfen.

Die Frau hatte noch ein Baby bekommen. Mir war nicht klar, ob es von ihrem Mann stammte. Das erfuhr man auch nicht. Ich

53

sagte zu jemandem: "Jetzt hat sie wieder so einen kleinen Fratzen!" Wir lachten. Mir waren im Traum die großen Zeiträume bewusst, die zwischen den Ereignissen lagen. Trotzdem erlebte ich sie nicht mit. Es war fast wie in einem Zeitraffer. Viele evangelische Christen waren anwesend. Ich erkannte sie an ihrer Kleidung. Das war irgendwie irritierend, denn jetzt war es extrem unklar in welchem Land wir uns befanden. Eigentlich hätten wir in einem nördlichen Land sein müssen.

Die Frau war anscheinend katholisch, aber das ist auch eher unklar. Es gab jedenfalls eine Differenz zwischen ihr und den Evangelischen was die Weltanschauung betraf. Die Kinder schienen überhaupt ohne Religion zu sein. Das störte den evangelischen Priester. Er sprach zu ihrem kleinen Kind von einer Fee. Dabei war er freundlich. Ich sagte zu ihm: "Wissen sie überhaupt was eine Fee ist?" Er antwortete nicht. Als ich ihm zu erklären versuchte, eine Fee sei ursprünglich eine Göttin gewesen, hörte er mir entweder nicht zu, oder er konnte mich nicht hören, weil ich in Wahrheit nicht anwesend war. Das war irgendwie seltsam und ist schwer zu beschreiben. Unbeirrt tat er weiter. In der Hand hielt er einen Zettel, der mit der Fee zu tun hatte. Darüber einen schönen, mit Mustern versehenen, kleineren Zettel. Er redete, doch das konnte ich nicht mehr aufnehmen, weil ich munter wurde.

----------------------------------------

Es könnte sich um eine wichtige Voraussage handeln, sich aber auch bereits erfüllt haben. Manche Träume nehmen eine Anleihe in einer baldigen Erfüllung, um aber gleichzeitig auf ein späteres, wichtigeres Ereignis hinzuweisen. Das kann man nicht immer so genau trennen. Es gibt z. B. einen Mann in der Türkei, der prominent ist . Er ist mit einer eingebürgerten Ausländerin verheiratet. Sie wurde schon einmal als ausländische Agentin bezeichnet. Ihr Mann lebt aber noch. Sie haben mehrere Kinder.
Mögliche Traumerfüllung:13.12.2017
Am Abend lief ein Film auf Pro7, den ich mir gar nicht ansehen wollte. Colognia Dignidad https://www.moviepilot.de/news/colonia-dignidad-die-grausamen-hintergrunde-des-thrillers-mit-emma-watson-1100325. Der Anfang gefiel mir nicht. Ich sah mit noch andere Filme ganz kurz an, um dann doch diesen anzusehen, weil gerade eine Szene war, die ich aus meinem Traum kannte. Es gab einen Putsch, ein Mann wurde verhaftet und gefoltert, seine Frau durfte gehen. Ein Schuss fiel, ein Mann starb. Allerdings war es ein anderer Mann und nicht er. Sie waren im Ausland, aber nicht in der Türkei, sondern in Chile. Die Frau ging in eine christliche Sekte, um ihren Mann zu retten.

*Die Beiden waren Deutsche. Es kamen auch Kinder vor, allerdings waren es nicht die Kinder der Frau. Die Leute waren ursprünglich zumindest teilweise evangelische Christen, vielleicht auch einige Katholiken gewesen. Angezogen waren sie ziemlich altmodisch. Aber die Männer nicht so, wie ich sie im Traum gesehen habe.*

*Es war also nicht nur der Traum wie ein Film, sondern ich habe von einem Film geträumt. Was mir schon öfter passiert ist.*

---------------------------------------------

10. 12. 2017

Ich hatte einen Job als Putzfrau gefunden. Es gab einige Unklarheiten bezüglich des Arbeitsplatzes. Zuerst glaubte ich in einer Buchhandlung zu arbeiten. Doch wie sich heraus stellte sollte ich nicht nur dort, sondern auch in einem großen Geschäft, oder in einer Bank arbeiten. Oder die Geschäfte gehörten einer Bank. Wie so oft in meinen Träumen hatte ich Probleme, den richtigen Ort zu finden. Obwohl ich bereits einmal dort gewesen war, fand ich die Buchhandlung nur schwer. Auch das große Geschäft war schwer zu finden. Zum Glück hatte ich die Adresse von einem Objekt, aber leider weder einen Plan, noch einen Routensucher. Die Adresse lautete Leiserstraße 18. Ich glaube es war die Nummer 18.

In dem großen Geschäft wussten sie nichts von mir, weil sie den Vornamen falsch geschrieben hatten. Das musste ich erst klarstellen. Bisher hatte eine Frau aus Ex-Jugoslawien dort gearbeitet. Ihr Vorname wurde genannt (leider vergessen). Ein jugoslawischer Durchschnittsname. Sie hatte gekündigt, weil etwas nicht in Ordnung war (vergessen was).

Plötzlich tauchte eine Frau dort auf, die ich aus dem realen Leben kenne. (Von der Künstlermesse.) Sie begrüßte mich freundlich und meinte sie werde jetzt dort den Job als Leiterin bekommen. Die Rede war von einem Verein, der das Geschäft betrieb. Für mich war das gut. Sie würde mir helfen dort eine bessere Arbeit zu bekommen. Wahrscheinlich konnte ich die kleine Buchhandlung übernehmen. Sie sah eher alt und herabgekommen aus. Man könnte sie aber besser herrichten, dachte ich.

------------------------------------------------

13.12.2017 Erfüllung:
*Heute kam erstens eine Versicherungsvertreterin, die dem Vor- und Nachnamen nach aus Ex-Jugoslawien stammt. Ihren Vornamen habe ich aber sicher nicht geträumt, denn ihr Vorname war für mich doch etwas unüblich. Dass sie kommen würde wusste ich, aber wie sie mit Vornamen heißt, wusste ich nicht. Danach ging ich zu meiner Ärztin wegen einem Rezept. Im*

*Vorzimmer saß ein junges Mädchen das gerade
eingeschult wurde. Ihren Vornamen kenne ich
nicht, ihren Nachnamen auch nicht, aber da
sie mit einer älteren Frau Serbisch sprach,
werden wohl beide aus Ex-Jugoslawien
stammen. Die ältere Frau sah aus wie viele
Putzfrauen aus Ex-Jugoslawien, die zum
Arbeiten gekommen sind. Leider konnte ich
nicht feststellen wie sie heißt. Ob sie
tatsächlich Putzfrau ist, oder war, weiß
ich natürlich auch nicht. Der Traum könnte
aber genauso wie mein Wachbewusstsein, von
ihrem Typ her auf den Beruf geschlossen
haben. Ich bin ziemlicher sicher, dass ich
von ihr geträumt habe. Im Traum sah ich sie
allerdings nicht und deshalb bleibt ein
Rest von Unsicherheit.*

------------------------------------------------


9. 12. 2017

An den heutigen Traum kann ich mich nur
noch undeutlich erinnern, weil ich keine
Zeit hatte ihn sofort zu notieren. Es ging
um eine alte Feindschaft. So viel weiß ich
noch. Mit jemandem unterhielt ich mich und
nannte dabei den kompletten Namen von W. R.
Ich glaube im Traum war mir nicht so
richtig klar, dass er bereits tot ist.

6. 12. 2017

Jemand aus der Familie, ich weiß nicht mehr
wer das war, ermordete einen Menschen. Ich
weiß auch nicht wer das Opfer war. Zufällig
bemerkte ich das, machte aber keine
Anzeige. Diese Person hielt ich auch nicht
von weiteren Morden ab. Die Leichen wurden
versteckt. Allerdings alle im näheren
Umfeld. Die ganze Familie war involviert,
zumindest als Mitwisser. Einige Zeit ging
das gut, dann wurde die Polizei aufmerksam.
Eine Durchsuchung sollte stattfinden. Die
Mörder versuchten nun alle Spuren zu
verwischen. Es gab hektische Bemühungen
Leichenteile und Blut zu entfernen. Ob das
funktionierte blieb unklar, weil ich
aufwachte.

Es war bereits dunkel. Ich fuhr mit dem
Auto. Eine Person von der ich nicht mehr
weiß wer sie war, brachte ich gerade
irgendwo hin. Wohin weiß ich auch nicht
mehr. Ich parkte kurz schräg ein. Genau
dort standen einige Polizisten. Als ich
wieder ausparkte stand hinter mir ein
Polizist. Offensichtlich stellte er sich
absichtlich genau dort hin. Obwohl ich
langsamer als im Schritttempo ausparkte,
wollte er mich wegen Gefährdung seiner
Person anzeigen. Es kam zu einer
Diskussion, in deren Verlauf er mir
erlaubte in die Wachstube zu gehen. Niemand
sollte hören worüber wir redeten. Dort ging

59

die Diskussion weiter, denn ich fühlte mich zu unrecht angezeigt. Trotzdem bekam ich eine Strafverfügung. Jemand meinte, die Kollegen hätten ihnen schon über Funk gemeldet, dass ich kommen werde. Da hakte ich ein. Wieso sie mich angekündigt hätten, wollte ich wissen. Sie hätten es also auf mich abgesehen und würden mich verfolgen und beobachten. Das gaben sie dann auch zu. Jemand wolle mich in Deutschland vor Gericht bringen, sagten sie. Das war gut zu wissen, denn nun konnte ich ganz anders als bisher auftreten. Gewusst hatte ich schon vorher, dass ich von jemandem verfolgt wurde. Nur beweisen konnte ich es nicht. Weil ich es nicht beweisen konnte, war es mir auch nicht möglich diese Person anzuzeigen. Man hätte mich für verrückt erklärt. Eine Bestätigung von Polizisten, dass mein Gefühl der Wahrheit entsprach, ließ die Sache aber nun glaubhaft werden und ich konnte reagieren. Endlich konnte ich diesen A. anzeigen. Es gab auch eine sofortige Reaktion. Man zeigte mich nicht mehr wegen weiterer Delikte, die man nur erfunden hatte an.

Auf der Strafverfügung die ich schon hatte, stand jetzt auch kein Betrag mehr, den ich hätte zahlen sollen.

4. 12. 2017

Wo genau ich war weiß ich nicht. Sicher war ich nicht in einem Krankenhaus. Es erinnerte mich eher an eine Schule. Mir ging es schlecht. Daran erinnere ich mich nur dunkel. Deshalb weiß ich nicht welche Symptome ich hatte. Ein eher jüngerer, freundlicher Arzt war da. Ich dachte an meinen Bluthochdruck und was ich dazu sagen solle, aber darüber wurde ich nicht gefragt. Der Blutdruck wurde auch nicht gemessen. Meine Krankheit hatte damit also nichts zu tun. Mir kam mein Zustand auch nicht besonders bedenklich vor. Die Hose kam mir eng vor. Ich dachte nach ob ich zugenommen hatte.

Plötzlich begann ich am ganzen Körper zu zittern. Die Leute reagierten hektisch, eine eher ältere Ärztin wurde hinzu gezogen. Man wollte viele Untersuchungen machen. Leider konnte ich mir nicht merken welche das waren, weil es lauter fremd klingende Bezeichnungen waren. Das Zittern hörte bald wieder auf, doch die Untersuchungen ersparte mir das nicht.

Danach war ich auf der Straße. Ein Auto fuhr die Böschung halb hinunter. Es war vorne ziemlich beschädigt. Bald darauf kamen irgendwelche prominente Leute angefahren. An einer Stelle musste ich auf der Fahrbahn gehen, weil sonst keine

61

Möglichkeit war. Genau dort parkte vis à vis ein Auto und genau an dieser Stelle kam das kaputte Auto angerast. Die Situation wirkte gefährlich. Ich brachte mich in Sicherheit. Das Auto fuhr nochmals eine Böschung halb hinab. Das war kein Unfall. Der Fahrer wollte Blumen pflücken - für die Prominenten. Ich glaube die Prominenten waren ein adeliges Ehepaar.

------------------------------------------------

Mögliche Erfüllung:
https://kurier.at/wellness/frau-trifft-nerv-mit-posting-ueber-angstzustaende/301.792.788 *Angst bedeutet, unkontrolliert zu zittern und zu zucken. Eine junge Frau schildert ihre Angstzustände. Dabei handelt es sich um eine Krankheit, von welcher die Ärzte eigentlich nicht so recht wissen, wie sie entsteht. Ein langer Text und nur dieser eine Satz stimmt mit meinem Traum überein. Trotzdem bin ich sicher, dass es sich bei dieser Übereinstimmung nicht um einen Zufall handelt, sondern um eine Traumerfüllung. Mich hat nämlich das Zittern extrem beeindruckt und lange dachte ich darüber nach, ob ich so eine Krankheit bekommen könne.*

*Am 14.12.2017 lief auf NITRO um ca. 21.30 eine Sendung die verschiedenste Unfälle zeigte. Unter anderem ein Auto das eine Böschung hinunter fährt. Diese Szene wurde mehrmals gezeigt.*

*Ich habe erst gegen 21Uhr 30 eingeschaltet, weil ich irgend etwas ansehen wollte, aber auf keinem Sender etwas gab, was von Interesse gewesen wäre. Die Sendung hieß Crazy Wheels. Ob ich schon überhaupt einmal diesen Sender ansah weiß ich nicht. Ich glaube eher nicht. Es war reiner Zufall. Weshalb ich gerade von dieser Szene träumte ist sogar leicht erklärt. Vor einigen Jahren habe ich so einen Unfall miterlebt, als hinter mir ein Auto auf der Autobahn ins Schleudern kam und dann eine Böschung hinab fuhr. Wie in dem gezeigten Video passierte den Insassen nichts.*

--------------------------------------------


2. 12. 2017

Den Anfang des Traums habe ich leider vergessen. Die Erinnerung setzt an der Stelle ein, wo ich beschloss mit dem Fahrrad eine lange Tour zu unternehmen. Ganz sicher war ich mir aber nicht, ob ich das wirklich tun solle. Ich fragte mich ob ich das auch körperlich durchhalten könne. Immerhin wusste ich aus (realer) Erfahrung, dass ich ziemlich aus der Übung war und mir schon bei kurzen Strecken die Luft ausging. Einige andere Personen wollten mit mir gemeinsam fahren. Wer diese Leute waren weiß ich nicht mehr. Wir befanden uns bei einer Haltestelle der Linie 60. Den Schienen folgend wollten wir zuerst nach

Mauer und dann weiter nach Rodaun. Alles sah wie in der Realität aus. Wir waren aber noch nicht unterwegs, sondern überlegten welche Route wir nehmen sollten. Trotzdem konnte ich unseren zukünftigen Weg auch sehen. Jemand erklärte uns wir müssten an einer bestimmten Stelle nach links abbiegen, denn es wäre gut, ins Burgenland zu fahren. Mich überzeugte das insofern, als ich mir das Burgenland als flach vorstellte, während wir zuerst hinauf fahren mussten. Wären wir dem Weg über Mauer weiter gefolgt, hätte es uns in hügeliges Gebiet geführt. Das wäre mir zu anstrengend gewesen.

Danach überlegte ich, ob ich es schaffen würde auch wieder nach Hause zu fahren - bei meiner schlechten Kondition.


1. 12. 2017

Vor einiger Zeit hatte ich einen kleinen Baum gepflanzt. Wo das war erinnerte ich mich nicht mehr und selbst im Traum war mir nicht ganz klar, wo genau dieser Ort lag. Weil ich sehen wollte ob der Baum noch existierte, machte ich mich auf die Suche. Es war ein eher abseits gelegener Ort, wahrscheinlich im Ausland. Eine riesige Fläche war zu sehen. Ich hatte mir ein kleines Stückchen von diesem Land gekauft. Angebaut wurde dort nichts. Endlich fand ich mein kleines Stück Land und dort war auch der Baum. Zwar war er winzig, vielleicht einen halben Meter hoch, aber er sah prächtig aus. Sogar kleine Früchte trug er. Dabei war er im Dickicht versteckt gewesen. Nun überlegte ich, ob ich noch weiteres Land kaufen solle, um dort ein Haus zu bauen. Das war natürlich eine Kostenfrage.

Wieder zurück zu Hause, ging ich durch die Stadt. Mir fielen einige Männer auf, die sich Knallkörper für Silvester kauften. Wie Ameisen gingen sie von Geschäft zu Geschäft, um ihre Sachen zusammen zu tragen. Jeder für sich transportierte das Gekaufte zu einem Haus, welches sich in einer freien, natürlichen Umgebung befand. Offenbar wollten sie eine arge Bombe bauen. Danach überlegten sie, wo sie diese Bombe platzieren sollten, um möglichst deutlich zu sein. Ihnen ging es weniger um die Opfer, sondern mehr um das Symbol. Opfer würde es natürlich auch geben, dachte ich. Nun begann ich zu überlegen, welches Gebäude symbolisch am besten passe. Der Stephansdom, das Riesenrad, der Christkindl Markt?

Ein Wettbewerb sollte stattfinden, an welchem ich mich beteiligen wollte.

------------------------------------------------

*Erfüllung:*
*Am 8.12.2017 schrieb die Kronen Zeitung auf*
*Seit 11 - Paketbombe war zündfähig und auf*
*der Seite 22-23 Terror-Plan: Anschlag mit*
*Auto auf Weihnachtsmarkt.*

*Der Traum hat sich also zum Teil erfüllt*
*und zwar zwei verschiedene Teile davon,*
*unabhängig von einander. Oft findet man*
*mehrere Artikel in einer Zeitung, auf*
*welche sich ein einziger Traum bezieht. Er*
*verbindet sie dann zu einer neuen*
*Geschichte. In diesem Fall ging es um ein*
*Paket, das schon vor einigen Tagen*
*aufgetaucht war. Ein Knallkörper für*
*Silvester war mit einem Zünder versehen.*
*Das geschah in Deutschland. Ich habe das*
*bisher nicht erwähnt, weil ich keine Zeit*
*dafür hatte.*

*Der zweite Teil nimmt Bezug auf den Plan*
*von einem Islamisten, der ein Blutbad auf*
*einem Christkindlmarkt anrichten wollte.*
*Das war in Österreich.*

------------------------------------------------


27. 11. 2017

Der Traum war nicht sehr deutlich, deshalb
kann ich mich an den Anfang nicht erinnern
und ich weiß auch nicht wo ich war. Ich

passte auf ein sehr kleines Kind auf, das mich Mama nannte. Das wunderte mich sehr, weil ich auch im Traum nicht seine Mutter war. Mit der Zeit veränderte sich das Kind. Es war nun ein etwas älteres Mädchen, das mit Akzent sprach. Mich erinnerte das an den Akzent, den ich aus dem Fernsehen von Südamerikanern kenne. Darüber dachte ich nach. Zeitweise wusste ich gar nicht mehr ob ich dieses Kind war, oder doch die Aufsichtsperson. Mich selbst konnte ich gar nicht richtig wahrnehmen. Das Kind meinte ich müsse bis 18 Uhr bleiben, dann würde seine Mutter aus der Kommune kommen.

25. 11. 2017

In der Früh träumte ich von einer Theaterbühne. Ein Stück sollte aufgeführt werden. Wahrscheinlich gehörte ich zu den Schauspielern. Die Erinnerung an den Traum war jedoch so schwach, dass ich alles Übrige leider wieder vergaß.

22.11.2017

Weil ich einen Italienischkurs gebucht hatte, ging ich zum Bus um zur Schule zu fahren. Bei der Haltestelle sah es zwar wie real aus, aber nicht so wie jetzt, sondern so wie früher, als der Wirt noch existierte. Dabei kam ich nicht aus der

Richtung in der ich wohne, sondern vom Teich her. Ich ging auch nicht zur Haltestelle (das ist die Endstelle), sondern daran vorbei, in die Richtung in der ich real wohne. Als ich beim Gastgarten um die Ecke bog, kam aus dem Wald ein junger Mann auf einem Moped gefahren. Auch er wollte zum Italienisch Unterricht und deshalb dachte ich, er wolle mich mitnehmen. Leider hatte ich keinen Helm, deshalb fragte er mich gar nicht ob ich mit ihm fahren wolle.

Plötzlich war ich in der Shopping City - beim Ikea. Ich schlenderte herum, sah mir seltsame Dinge an, von denen nicht einmal die Verkäuferin wusste was das sein solle. Andere Leute rieten gemeinsam mit mir und lachten, weil die Situation so derart absurd war. Es handelte sich um lange Stäbe. Sie waren Rot und hatten an ihrem Ende kurze Fransen, ähnlich einem Pinsel. Schließlich kam ich zu dem Raum, in welchem der Unterricht stattfinden würde. Die anderen hatten schon einiges gelernt, weil ich erstens zu spät gekommen war und zweitens der Unterricht schon mehrmals stattgefunden hatte. Ich forderte jemanden auf von eins bis zehn zu zählen. Das konnte sogar ich. Doch diese Person vermischte mehrere Sprachen und verwandelte sie in ein Kauderwelsch. Danach ging es um die Geschichte der Sprache Italienisch.

Wir unterhielten uns auch über das alte Rom, in welchem es ja viele Völker gegeben habe, wie ich anmerkte. Da könnten auch viele Sprachen gemeint sein. Dann wurde gezählt, wobei auch Zwanzig, Dreißig, usw. genannt wurde. Zahlen die ich nicht kannte. Deshalb wusste ich nicht ob sie korrekt waren. Zwischendurch dachte ich über Schwedisch nach.

Ich wollte noch zur Toilette gehen. Auch die Lehrerin ging noch schnell hin. Eine Gelegenheit noch mit ihr zu sprechen. Wieder ging es um belanglose Dinge. Im Vorraum gab es Wasserhähne die noch aussahen, wie die von vor 50 Jahren. Einer rann ständig. Das Becken war schon platt voll. Der Abfluss war verstopft. Das Wasser würde bald überlaufen, wollte ich ihr sagen, tat es aber dann doch nicht. Stattdessen setzte ich mich ins Klassenzimmer. Erst da fiel mir auf, ich hatte mein Lehrbuch vergessen. Heft hatte ich auch keines. Nicht einmal einen Kugelschreiber hatte ich mitgenommen. Es war schlimm.


9. 11. 2017

Als ich in einem großen Gebäude war, in das es mich zufällig verschlagen hatte - ich glaube zuvor war ich in einem Krankenhaus gewesen - musste ich auf die Toilette. Es gab keine. Erst nach langem Suchen fand ich einen Stand, an dem man sich ein Ticket für einen Klo-Besuch kaufen konnte. Viele Leute waren angestellt. Eine Frau drängte sich vor, dann kamen noch andere. Endlich kam ich an die Reihe, hatte aber kein passendes Kleingeld. Deshalb suchte ich in der Börse und gab mehrere Münzen her. Das passte der Dame nicht, aber ich durfte durch. Ich glaube betrieben wurde das Ganze von Jugoslawen.

Mehrere Personen wurden gleichzeitig die Treppe hoch geführt. Unter dieser Gruppe war ich. Dann die Überraschung. Sie führten uns in einen großen Raum, in dem sich Polstersessel befanden, die jeweils als Toilette dienten. Trennwände gab es keine. Das wollte ich nicht. Im Raum durften nur Frauen aufs Klo. Ein Mann wollte hinein und wurde hinaus geschickt. Die Männer mussten ihre Geschäfte im Freien verrichten. Wir konnten von oben dabei zusehen und wir hörten auch ihre Gespräche, die sehr lustig waren. Denn die Männer nahmen es mit Humor. Weil mir diese Form von Toilette nicht gefiel, machte ich mich lieber weiter auf die Suche und ging.


8. 11. 2017

Ein riesiges Tier das aussah, als würde es aus Salat bestehen. Vielleicht eine

"Salatschnecke". Man konnte ohne Gefahr und ohne dass es dem Tier schadete, Salatblätter davon nehmen und essen. In diesem Zusammenhang ging es um Anbau. Ob da Salat angebaut werden sollte, oder etwas anderes, weiß ich nicht mehr.

*Plötzlich sagte jemand: "Sie haben Brandbomben eingesetzt!" (gemeint: sie haben auf diese Weise den Boden für den Anbau vorbereitet) Da sah ich wie diese Brandbomben einschlugen und explodierten. Obwohl ich nicht einmal in der Nähe war. Giftiger Rauch stieg auf. Auch das sah ich. Jemand sagte: "Es wird immer ungefährlicher!" Der Rauch zog ab - Richtung (leider vergessen in welche Richtung, aber ich glaube Richtung Ozean)". Da sah ich wie eine Frau an dem Ort stand, an den die giftigen Wolken gezogen waren. Vor ihr gab es einen schlammigen Grund, der leicht brodelte. Darüber wunderte sie sich, denn das hatte es vorher noch nie gegeben. "Ja, aber nur für uns!", antwortete ich.*

*Es folgten Gedanken über das Gift. Wahrscheinlich war auch bei uns der Boden jetzt vergiftet, dachte ich. Ich konnte nicht verstehen wie jemand auf die Idee kommen konnte, Brandbomben zu werfen.*

-----------------------------------------------

Dieser Traum enthält wahrscheinlich eine wichtige Voraussage.

-----------------------------------------------

6. 11. 2017

Eine anstrengende Nacht. Ich träumte
ständig, war also nicht wach und schlief
auch nicht. Es war etwas wie ein
Dämmerzustand. Am Anfang träumte ich
überhaupt nur "Traumfetzen". Ich hatte das
Gefühl nichts davon habe irgendwelche
Bezüge zueinander. Deshalb habe ich alles
vergessen, bis auf den Namen einer Stadt:
Bruck an der Mur. Ob es eine Stadt dieses
Namens tatsächlich gibt wusste ich im Traum
nicht. Ich war zu müde um aufzustehen und
den Namen zu notieren. Vergessen wollte ich
ihn aber nicht. Vielleicht hielt ich
deshalb diesen seltsamen Zustand aufrecht.
Erst gegen Morgen entstand ein echter Traum
mit Handlung.

Gemeinsam mit mehreren anderen Personen war
ich in einem öffentlichen Gebäude. Mir war
auch im Traum nicht klar was das genau für
ein Gebäude war. War es ein Postamt, oder
doch eher eine Polizeistation? Wir hatten
viele Sachen dorthin gebracht. Darunter
mehrere Einmachgläser mit Kompott. So
entstand ein hoher Stapel, der an sich
schon eher weiter oben auf ein Regal
gestapelt worden war. Von den meisten
Paketen wusste ich auch im Traum nicht
welchen Inhalt sie hatten. Nach einiger
Zeit wollte ich die Einmachgläser wieder
haben. Der Mann dem ich das sagte verstand
nicht, was genau er von oben herunter holen

sollte. Er beauftragte jemanden damit. Dieser Mann holte alles Mögliche herunter, nur nicht die gewünschten Gläser. Bald war fast alles unten. Nur einige Flaschen und Packerln waren noch oben. Jemand kam und suchte mich. In der Hand hielt er ein riesiges Blumengesteck. Es war ein Geburtstagsgruß. Ich suchte nach dem Absender. Es gab keinen. Das war schon etwas seltsam. Verwandte halfen mir bei der Suche. Nur einige Schokoladenstücke tauchten auf. Mich ärgerte das. Alles was wir hatten verpackten wir in große Säcke. Das konnte ich unmöglich alles tragen. "Ich gehe zweimal!", sagte ich mehrmals. Doch dann dachte ich, warum soll ich alles alleine tragen? Die anderen mussten mir helfen. Als wir gingen begegneten wir einem der Männer, die unsere Sachen hinauf und wieder hinunter getan hatten. "Der wird sich denken, jetzt sind die schon wieder da!", meinte ich lachend.

Der Mann fragte uns, ob wir in Österreich "Sozialisierungskarten" hätten. Darauf wollte ich eigentlich antworten wir hätten Sozialversicherungskarten. Mir fiel aber nicht gleich das richtige Wort ein. Vielleicht weil ich gerade nachdachte, ob wir in einem freien Land seien. Wo ich war weiß ich nicht. Mir kam jedenfalls alles unbekannt vor. Es gab zumindest zwei Häuser in denen ich mich aufhielt. Wie ich von einem Haus ins andere kam, träumte ich nicht.

Im ersten Haus gab es im Parterre einen großem Raum, der wie eine Empfangshalle wirkte. Dort stand ein schönes Gesteck, welches meine Aufmerksamkeit auf sich zog. Das fotografiere ich, kam mir in den Sinn. Ich tat es dann auch. Als ich den Fotoapparat hoch hielt, sah ich aus den Augenwinkeln heraus hinter mir jemanden sitzen. Anscheinend sprach ich darüber kurz mit jemandem der sich dort auch befand. Dann drehte ich mich um. "Das ist ja gar nicht L!", meinte ich lachend, als ich den Irrtum bemerkte. "Ich glaube ich fühle mich von ihr schon verfolgt!" Dort saß ein jüngerer Mensch, vielleicht ein Mann. Auch im Traum konnte ich nicht erkennen ob es sich um einen Mann, oder um eine Frau handelte. Die Person hatte langes, tiefschwarzes, offensichtlich gefärbtes Haar, war schwarz gekleidet und hatte die Augen extrem schwarz geschminkt. Sie war nicht schön, aber auch nicht wirklich hässlich. Man könnte sie eher als seltsam bezeichnen. Wahrscheinlich trank sie Kaffee, als wäre sie in einem Kaffeehaus. Jemand kaufte etwas und überschritt dabei ein Limit. Ich kann mich nicht mehr an den Ausdruck erinnern der verwendet wurde. Das war ein Fehler, wie sich später heraus stellte. Ich hatte das irgendwie gefördert.

Erst nachträglich sagte eine weitere Person
- ein Mann - das werde weitere Kosten
verursachen. Anfangs reagierte ich nicht
darauf, doch als diese Person erneut
auftauchte und wieder über die zusätzlichen
Kosten sprach, bot ich an, diese
zusätzlichen Kosten zu übernehmen. Deshalb
zückte ich meine Geldbörse. Das sei nicht
nötig, wurde mir erklärt.

Ein junges Mädchen ging vor mir. Jetzt
waren wir in dem anderen Haus. In der
Wohnung in welche wir wollten, war noch
eine junge Frau, die gerade etwas
einräumte. Das konnte ich sehen, nicht
jedoch den Mann hinter einer Zimmertüre. Er
war der Typ, der ständig über die weiteren
Kosten gesprochen hatte. Diesmal machte er
dem jungen Mädchen etwas ähnliches wie
einen Antrag. Wieder ging es dabei um Geld.
Das müsse sie nicht zahlen, würde sie sich
mit ihm treffen. Als ich ihre Abneigung ihm
gegenüber spürte und auch ihre
Unsicherheit, entschloss ich mich ihr zu
helfen. "Die Dame ist verlobt!", sagte ich
laut, "Ihr Verlobter wird sicher keine
Freude haben, wenn sie sich mit ihnen
trifft!" Inzwischen war ich so weit im
Raum, dass ich auch ihn sehen konnte. Im
Verhältnis zu dem Mädchen war er alt - und
er war extrem hässlich. Seine Haare waren
schwarz und zerzaust. Er wirkte ungepflegt,
sein Gesicht war sehr schmal und vernarbt.
Meine Entscheidung war richtig, dachte ich.

Obwohl ich ihn zuvor schon gesehen hatte,
hatte ich sein Gesicht total vergessen
gehabt. (Im Traum) Deshalb war ich nun
geradezu erleichtert, weil ich ihn von ihr
fern gehalten hatte. Er grinste mich blöd
an und sagte: "Ist das vielleicht eine
Rittmannslüge?" (Weil ich dieses Wort noch
nie gehört habe - weder im realen Leben,
noch im Traum, bin ich mir nicht sicher ob
das Wort genauso lautete. Vielleicht sagte
er auch "Rüttmanslüge"?) Damit meinte er,
es sei vielleicht nur eine Notlüge - was es
ja auch war. Im Zimmer gab es auch ein
schönes Gesteck, das ich ebenfalls
fotografierte. In beiden Fällen dominierte
die Farbe Rot.

Gemeinsam mit jemand anderem ging ich eine
Treppe hinab. Wir kamen an einer Wand
vorbei, auf der viele, sehr große
Zeichnungen aufgebracht waren. Dort
fotografierte ich weiter. Ich wollte
unbedingt mehrere Zeichnungen gleichzeitig
auf ein Foto bekommen. Das war schwer,
aufgrund der Größe der einzelnen Objekte.
Der Platz war knapp, ich konnte keinen
passenden Abstand herstellen. Einige meiner
fotografier Versuche misslangen total. Die
beste Version waren Ausschnitte aus
mehreren Bildern. Dabei gingen zwei
gezeichnete Gesichter so weit ineinander
über, dass es schien, als wären sie auf
einer einzigen Zeichnung. Manches gefiel
mir nicht besonders gut, weil es schlecht

gezeichnet war. Ich machte aber keinen Unterschied und fotografierte auch schlechte Zeichnungen.

Jemand hatte mir einen Hund gegeben, der wahrscheinlich ein Eurasier, oder ein Wolfsspitz war. Sofort dachte ich an meine verstorbene Hündin. Mir kam in den Sinn, sie sei als dieser Hund wiedergeboren worden. Wissen konnte ich das natürlich nicht. Sie würde sich vermutlich nicht erinnern, dachte ich. Dort wo der Hund jetzt war langweilte er sich fürchterlich. "Können wir uns einen dritten Hund leisten?", fragte ich jemanden. Ich hätte ihn gerne genommen.

-------------------------------------------------
Traumerfüllung:
8.11.2017 *Was ich bisher noch nie erlebte ist heute passiert. Ich bin einem Mann begegnet, den ich im Traum gesehen hatte. Weil ich auf etwas warten musste, ging ich zuerst zu MacDonald und danach zum Hofer. Als ich das Geschäft betrat, bemerkte ich einen Mann, der hinter mir ebenfalls eintrat. Genau konnte ich ihn nicht sehen, nur aus den Augenwinkeln. Er kam mir komisch vor, weil er irgendwie auf mich zu regieren schien. Ich dachte er wolle vielleicht etwas aus meiner Tasche stehlen. Da konnte ich sein Gesicht auch noch nicht so genau sehen. Ich rätselte ob es ein Mann oder eine Frau war. Das konnte ich weder an*

*der Bekleidung, noch an der Figur erkennen. Was mich noch neugieriger machte.*

*Dann drehte er sich um und stand gerade schräg vor mir. In diesem Moment erkannte ich ihn. Er war nicht ganz schwarz gekleidet, aber dunkel. Darauf achtete ich nicht so sehr, deshalb bin ich mir nicht mehr sicher. Aber das Gesicht sah genauso aus wie dasjenige des Mannes im Traum. Nur die Augen waren vermutlich nicht geschminkt. Das kann ich nicht genau beurteilen. Trotzdem wirkten sie genauso, weil sie sehr dunkel aussahen. Vielleicht hatte er sehr lange schwarze Wimpern. Ganz lang waren die Haare nicht, aber auch nicht kurz. Irgendwie zerzaust sah er aus.*

------------------------------------------------

2. 11. 2017

Gemeinsam mit jemand anderem war ich bei jemandem zu Besuch. Wer diese Leute waren weiß ich nicht. Im Traum kannte ich sie. Die meisten Personen waren verwandt, oder verschwägert. Wahrscheinlich waren wir mit der Frau verwandt. Also war ich nicht ich selbst.

Die Gastgeberin hatte ein kleines Kind, dem ich eine Tablette gab, obwohl sie gesagt hatte das Kind brauche keine Tabletten. Es war noch dazu ein Schilddrüsenhormon.

Nachträglich erkannte ich den Fehler auch, sagte jedoch nichts. Ängstlich beobachtete ich das Kind, ob es irgendwelche Symptome zeige. Es könne einen Herzinfarkt bekommen, hatte mir jemand einmal gesagt, wenn die Dosis sehr hoch ist. Man muss den Körper erst daran gewöhnen. Auch Kinder würden Herzinfarkte bekommen können, fiel mir ein. Man würde vielleicht feststellen wieso das passiere. Die Medikamente waren gut verwahrt. Von selbst konnte das Kind keines genommen haben. Es passierte aber nichts.

Die Mutter des Kindes wollte dann doch dem Kind etwas geben. Das sollte ich machen. Was das war und wogegen, weiß ich auch nicht. Jedenfalls war es kein gängiges Medikament. Vielleicht eines aus der Naturheilkunde. Der Mann dieser Frau forderte mich und den anderen Besucher auf, endlich wieder zu gehen. Ursprünglich wollten wir bis zum Wochenende bleiben. Ich sah wie der Mann seine Frau brutal schlug. "Ich bin Zeuge!", schrie ich. Gehen mussten wir trotzdem. Er konnte keine Zeugen gebrauchen.


29. 10. 2017

Ein eher dicklicher, älterer Mann sprach mich an.
In der "Wirtschaftswoche", einer Zeitschrift die anscheinend relativ viele

79

Seiten hatte und vermutlich im A4 Format war, hatte es einen Artikel über Strindberg gegeben. Den Mann kannte ich auch im Traum nicht. Ein Reisebüro bot eine diesbezügliche Reise an: Auf Strindbergs Spuren. Ich solle diese Reise machen, meinte er, oder hier an der Erinnerung arbeiten. Ich würde mich ja nicht mehr daran erinnern, meinte er. "Ja, das ist es ja, ich erinnere mich jetzt nicht mehr!", weinte ich. Das machte mich auch wirklich sehr traurig. Ihn schien das alles wahnsinnig zu interessieren. Offenbar wusste er von meiner Erinnerung und wollte unbedingt, dass ich mich nochmals erinnere. Trotzdem überließ er alles mir, einschließlich der horrenden Kosten für eine solche Reise.

Irgendwie war ich dagegen und legte deshalb diese Zeitschrift beiseite. Doch dann ließ es mir doch keine Ruhe. Das weggelegte Exemplar fand ich nicht mehr. Aus diesem Grund ging ich in ein kleines Geschäft, in welchem man Nähzubehör, aber auch Stoffe kaufen konnte. Dort waren einige Frauen mit Kopftuch. Sie wirkten eher arm, schienen aus der Türkei zu stammen. Manche arbeiteten dort auch. Zwei Frauen waren jedoch aus Österreich. Sie trugen keine Kopftücher. Mein Interesse galt nur der Zeitschrift, die bei ihnen in mehreren Exemplaren auflag. Von dort hatte der Mann die Zeitschrift auch her. Die Besitzerin des Geschäfts meinte, ich solle doch auch etwas kaufen. Das fand ich fair. Zuerst dachte ich, es würde genügen irgendeinen Zwirn zu kaufen. Doch dann wollte ich einen Stoff nehmen, der auch irgendwie mit Strindberg zu tun hatte. Er war gelblich, glänzend, alt und hatte am Anfang etwas aufgedruckt, oder eingearbeitet. Ein kleines Bild, das ich nicht erkennen konnte. Vielleicht stammte er aus der Zeit Strindbergs, oder hatte ihm sogar gehört. Der Stoff musste nicht zugeschnitten werden. Sie packte ihn mir ein. Er wirkte teuer. Was sollte ich daraus nähen? Konnte ich überhaupt so gut nähen? Jedenfalls brauchte ich dazu einen Schnitt. Ich wollte zuerst einen kurzen Rock nähen. Dazu war er zu lang. Eine Hose sei besser, vielleicht eine kurze Hose. M. war plötzlich auch da. Vorher war er nicht da gewesen. M. wunderte sich, weil ich nur noch Hosen anziehen wollte.

Dazwischen gab es eine weitere Handlung. Ich suchte in den Zeitschriften den bewussten Artikel. Da merkte ich, dass jemand viele Seiten heraus gerissen hatte. Darunter auch die gesuchte. Bei den anderen Heften war es genauso. Weil ich genau wegen diesem Artikel das Geschäft betreten hatte, ging ich wieder hinaus, fand anderswo einen ganzen Stapel unversehrter Hefte und nahm mir eines davon. Endlich hatte ich den Artikel gefunden und schon ging ich zurück ins Geschäft. Was gar nicht notwendig gewesen wäre. An dieser Stelle hatte der Mann das Heft von dem Stapel genommen und nicht aus dem Geschäft. Der Stapel stammte jedoch aus dem Geschäft.

Der Traum verfolgte also eine und eine zweite Logik gleichzeitig. Ohne sich bewusst zu sein, dass es sich um einen Widerspruch handelt. Denn im Traum wunderte ich mich gar nicht darüber.

Der Traum endete mit Überlegungen ob ich eine Reise machen sollte. Ob diese Spurensuche tatsächlich in Schweden stattfinden sollte, oder eher in Frankreich, wusste ich nicht. Auf jeden Fall war es eine Geldfrage. Wir konnten sicher nicht alle gemeinsam fahren, das wäre viel zu teuer gewesen.

24. 10. 2017

Der heutige Traum drehte sich fast nur um Geister und Dämonen. Einiges habe ich vergessen, weil ich nicht gleich aufstand um den Traum zu notieren. In diesem Fall spielt das jedoch keine Rolle, weil es sich sowieso fast nur um Variationen desselben Themas handelte.

Jemand hatte viel Geld für den Beweis geboten, dass es Geister und Dämonen gibt.

82

Das war für mich ein zusätzlicher Anreiz nach solchen Beweisen zu suchen. Der Hauptgrund war es aber nicht, denn das wollte ich sowieso.

Wir waren gerade unterwegs. Aus einem vergessenen Grund fuhren wir nach langer Wanderung schließlich mit einem Taxi. Im Auto unterhielten wir uns weiter über die Geistersuche. Das hörte der Fahrer. Er beteiligte sich an unserem Gespräch. Der Mann stammte aus Afghanistan. In Österreich hatte er sich unwohl gefühlt, weil er über dieses Thema nicht sprechen konnte. Man hätte ihn ausgelacht. In seiner Heimat war das anders. Fast alle Menschen glaubten dort an Geister und Dämonen. Es folgte eine seltsame Szene. Das Taxi konnte fliegen. Der Chauffeur wollte kurz anhalten, ohne tatsächlich zu stoppen. Das vollbrachte er, indem er uns fliegend auf ein riesiges Schiff brachte. Es war ein ziviles Schiff. Ob wir uns in Österreich befanden war nicht klar. Das Schiff war vielleicht zu groß, um beispielsweise auf der Donau fahren zu können.

Wir stiegen nicht aus. Es gab eine Kommunikation mit der Besatzung. Wahrscheinlich ging es wieder um Geister und Dämonen. Noch jemand anderer hatte Geld ausgelobt, für den Beweis der Existenz von Geistern und Dämonen. Allerdings war es viel weniger als das was die andere Person angeboten hatte. Egal. Wenn wir es schon beweisen konnten - das hofften wir - würden wir uns beides holen.

Wie es weiter ging ist nicht ganz klar. Wir waren wieder zu Hause. Mit jedem Menschen konnten wir nicht über unser derzeitiges Hauptthema reden. Weil wir jedoch eine Einladung machen mussten - die gab es in diesem Zusammenhang, was genau das war vergaß ich - suchten wir nach einem anderen Begriff, oder einem anderen Glaubenssystem. Es gelang uns herauszufinden, wie eine Gruppe von Menschen sich bezeichnete, die vermutlich auch an Geister und Dämonen glaubte. Nur in einer modernen Form. Den Namen habe ich vergessen, oder konnte ihn mir auch im Traum nicht merken. An diejenigen von ihnen welche wir kannten, verschickten wir kleine Briefe. Unter ihnen war die beste Freundin meiner Mutter. (Ich weiß nicht ob sie noch lebt. Ich nehme es an.)

Der Traum änderte nun etwas das Thema. Eine junge, korpulente Frau war eingeladen worden. Sie fuhr mit dem Motorrad. Dieser Typ war sehr gefährlich. Zu 80% würde man damit im Straßengraben landen, meinte sie. Ob sie das Fahrzeug überhaupt aufheben könne, dachte ich, sagte aber nichts. Sie wäre sehr vorsichtig, deshalb habe sie auch keinen Unfall gehabt. Einen Mann wollten wir einladen, der nicht mit jedem Menschen

diskutierte. Er war bisher nur wegen einer
bestimmten Person gekommen, die auf seinem
Niveau war. Mit allen anderen wollte er
nicht reden, die waren ihm zu blöd. Diese
Person war jedoch nicht da.

An dieser Stelle ging der Traum so weiter,
das ursprüngliche Thema war offenbar
abgehandelt.


22. 10. 2017

Der Traum folgte einer Logik, die dem
Wachbewusstsein nicht ganz verständlich
war.

Ich beteiligte mich an einer Ausstellung
und wunderte mich, dass meine Bilder total
ignoriert wurden. Nicht nur meine, sondern
auch diejenigen der anderen Maler. Jemand
bemerkte, dass manche Aussteller Codes
verwendeten. Es stellte sich heraus, es
handelte sich dabei um einen
"Prostituierten-Ring", der über diese Codes
Menschen anbot. Alle seriösen Aussteller
waren nur Tarnung. Später entschuldigten
sie sich, dass sie die ernsthaften
Aussteller für ihre Zwecke missbraucht
hatten.

Verschiedene Gegenstände wurden aus Kupfer
hergestellt. Das sah ich mir genau an. Zu
jemandem der auch dabei zusah meinte ich,

zufällig hätte ich vor kurzen im Fernsehen einen Bericht über die Erzeugung von Geschirr aus Kupfer gesehen. Das habe mich sehr beeindruckt. (Diesen Bericht hatte ich tatsächlich real vor kurzem gesehen.)


20. 10. 2017

Als ich in einem Wald spazieren ging, verlor ich plötzlich meinen Hund aus den Augen. Der Wald war relativ klein. Es gab richtige Ein- und Ausgänge. Sie führten zu großen, belebten Straßen. Die Türen waren überall geöffnet. Ein Student war gerade für die Betreuung des Waldes zuständig. Am Abend wurde total geschlossen. Verzweifelt rief ich den Hund, suchte alles ab. Es war klar, dass er den Wald verlassen haben musste, denn finden konnte ich ihn nicht mehr. Also war er draußen und jetzt inmitten der Stadt. Er kannte sich nicht aus und er wusste nicht wie man sich im Verkehr verhält. Was für ihn sehr gefährlich war. Ich dachte schon ich würde ihn nie wieder sehen. Wütend unterhielt ich mich mit dem Studenten über die offenen Türen. Wieso man sie einfach so offen ließ, fragte ich ihn. Er reagierte gar nicht.

19. 10. 2017

Ein großer Hund lag im Sterben. Ich war
ganz nahe bei ihm und versuchte ihm Kraft
zu geben. Ob es mein Hund war weiß ich
nicht genau, ich glaube eher nicht. Für
mich war die Situation enorm quälend, weil
ich nicht wusste wie ich ihm helfen könnte.


18. 10. 2017

Genau erinnere ich mich nicht an den ganzen
Traum. In Erinnerung behielt ich eine
seltsame Szene.

Während ich nach einem Geschenk suchte -
dabei dachte ich an Blumen - und in einem
Park umher streifte, fiel mein Blick auf
ein kleines Bäumchen. Von diesem wollte ich
einen Zweig herunter reißen. Obwohl ich ihn
kaum berührt hatte, fiel der Baum einfach
um. Das war mir sehr unangenehm, weil
gerade ein Mann vorbei ging und mich dabei
beobachtete. Schon zuvor war in dem Park
ein kleines Bäumchen grundlos umgefallen.
Daran erinnerte ich mich jetzt. Zu jemandem
in der Nähe meinte ich, der kleine Baum sei
zu schwach gewesen. Gleich über dem Boden
war der Stamm extrem dünn und genau dort
war er auch abgebrochen.

Der Mann der mich beobachtet hatte, sagte
etwas zu mir. Ein großer, schwerer, breit

87

gebauter Hund mit großem Maul war da. Über
ihn sagte er, das sei ein Rottweiler. Dem
widersprach ich. Dieser Hund sei ein
alevitischer Hund. Den genauen Namen der
Rasse sagte ich auch. Weil er mir total
fremd ist, konnte ich ihn mir leider nicht
merken. Dann sah ich kurz etwas
Geschriebenes in diesem Zusammenhang
aufblitzen. Darunter war auch zumindest ein
Wort in arabischer Schrift. Weil ich kein
Arabisch kann, wusste ich natürlich nicht
was die Schrift bedeutet.


17. 10. 2017

Eine alte Frau  fuhr mit ihren Hunden in
einem öffentlichen Verkehrsmittel. Ein Hund
war braun, der andere fast weiß, mit
kleinen Flecken. Ein älteres Mädchen kroch
auf allen Vieren auf dem Boden herum. Sie
war sicher über zehn Jahre alt. Das Kind
konnte nicht anders gehen. Offenbar war es
behindert. In dieser Stellung war das
Mädchen ungefähr so groß wie der weiße
Hund. Dieser wollte auf sie los gehen. Die
alte Frau konnte ihn kaum zurück halten.
Ich half ihr. Als das Mädchen endlich
ausgestiegen war, unterhielten wir uns über
diese unmögliche Situation. Der Hund würde
das Mädchen für einen Hund halten, meinte
ich. Deshalb habe er es angreifen wollen.

Ich sah aus dem Fenster. Ein kleines Kind war halb verdeckt. Deshalb wirkte es, als würde es auch auf allen Vieren gehen. Doch als es hinter dem verdeckenden Gegenstand hervor kam sah man, es ging aufrecht und war nur sehr klein. Das Kind lief weg.

Der weitere Traumverlauf bestand nicht aus Handlungen und Bildern, sondern aus reinen Überlegungen. Trotzdem dürfte ich nicht ich selbst gewesen sein, weil ich über Ereignisse nachdachte, die es in meinem Leben nie gegeben hat. Der erste Gedanke war, ich würde vielleicht bald sterben. Davon ausgehend überlegte ich, wo sich mein Bewusstsein befinden würde, wenn ich unter der Erde läge und ob ich sehen könne, was sich oben abspiele. Anscheinend hatte ich einen Hund gehabt und der sei plötzlich verschwunden. Etwas später wäre der ganze Schmuck weg gewesen. Die Leute die mir alles genommen hatten würden wohl Angst haben, dass ich wieder von den Toten zurückkehren könnte. Das würden sie sicher nicht wollen.


15. 10. 2017

Der Traum war etwas eigenartig. An den Anfang erinnere ich mich nicht mehr genau. Wir wollten irgendwo hin gehen, oder fahren. Wohin habe ich vergessen. Vielleicht war es eine Veranstaltung. Ich

89

hatte im Traum vergessen wie man dort hin kommt. In meiner Begleitung befanden sich ein bis drei Erwachsene und ein Kind. Eine weitere Person fragte uns nach dem Weg, bzw. nach dieser Adresse. Meine Begleiter wussten zwar wie man hin kommt, konnten das jedoch nicht so genau erklären, oder nicht verständlich genug. Sie versuchten es. Immer mehr Leute wollten den Weg wissen. Vermutlich war es eine Adresse entweder in Wien, oder ganz in der Nähe. Es war leicht dort hin zu kommen.

Auf unserem Weg fuhren wir anfangs durch Wien. Doch später landeten wir in den Bergen. Schnee lag, es war dementsprechend kalt. Ich fror nicht, die anderen schon; besonders das Kind. Weder hatten wir beide eine Jacke, wie die anderen, noch ordentliche Schuhe. Mit diesem tiefen Schnee und der Kälte hatten wir nicht gerechnet. Dem Kind bot ich meine dünne Weste an, damit es nicht krank wird. Da waren wir schon am Ziel, einer kuschelig warmen Berghütte. Dort gab es eine Speise, die es sonst entweder fast nirgendwo gab, oder die dort besonders gut schmeckte. Ich glaube es war eine Mehlspeise, wie Kaiserschmarren.

Nach einiger Zeit mussten wir wieder zurück gehen und dann fahren. Ob wir eine Decke für das Kind haben könnten, meinte ich. Oder eine Kinderjacke. Zumindest eine

Kinderdecke würden sie für uns haben, sagte eine Frau. Damit waren wir zufrieden.

------------------------------------------------

Erfüllung:
*Am 23. Oktober 2017 wurde in den Nachrichten gemeldet, es werde heute bis 1000m herab schneien. Man bräuchte dort Winterreifen.*

*23. Oktober 2017*

*Mit einer kräftigen Nordströmung stauen sich an der Alpennordseite die Wolken und es regnet oder schneit immer wieder. Zunächst schneit es gegen 1000m herab, ...*
*https://www.zamg.ac.at/cms/de/wetter/produkte-und-services/bergwetter/oesterreich*

------------------------------------------------


12. 10. 2017

Als ich auf der Nebenfahrbahn der H. Straße hinauf ging, passierten hintereinander, aber unabhängig voneinander, zwei Autounfälle. Zumindest beim 2. Unfall war eine lange Schnur involviert, mit der sich der kleine LKW verhedderte. Am anderen Ende der Schnur hing ein Mann, der sich irgendwo zwischen oder auf den Bäumen befand. Dieser konnte sich anscheinend los schneiden.

Ein anderer Mann befand sich sehr weit oben. So hohe Gebäude, oder Bäume gibt es dort gar nicht real. Ich kann auch nicht sagen worauf er stand. Plötzlich sprang er in die Tiefe. Alle die das sahen regten sich auf. Er landete sicher auf dem Boden, ohne die geringste Verletzung. Stolz auf seine Leistung, lachte er uns zu.

Ich ging staunend weiter. Gerade wurde in einem Garten ein neues Haus gebaut. Deshalb konnte man nicht so gut auf dem Gehsteig gehen, an einer Stelle war dieser sogar gesperrt. Man musste auf die Fahrbahn ausweichen. Als ich das tat, kamen gerade mehrere Autos. Ein Fahrer rief mir etwas zu, was ich aber nicht verstand.


11. 10. 2017

Immer wieder ging ich in ein großes Geschäft einkaufen. Das war entweder Obi, oder Bauhaus. Die Verkäufer benahmen sich seltsam. Ich dachte sie wollten nicht dass ich komme, weil ich ihnen unsympathisch war. Bis einer deutlicher wurde. Ich hatte schon mit seiner Hilfe Einzelteile gefunden, aus denen ich ein Bücherregal machen wollte. Er machte Andeutungen, ich solle weiter gehen. Das verstand ich nicht. Da sagte er: "Verstehen sie mich wirklich nicht?" "Nein!" "Gehen sie zu Bilderland, oder zu ... (nannte noch einen Namen) Die sind viel billiger!" Er dachte ich könne mir das alles nicht leisten, durfte aber eigentlich nichts sagen, weil seine Firma ja verdienen wollte. Nun begriff ich, dass er mir nur helfen wollte und ging. Vorher sagte ich noch: "Ja, mache ich. Vielleicht gibt es ja auch fertige Regale dort. Die sind wenigstens einfach!"

Als ich wieder auf der Straße war, fuhr ich mit einem öffentlichen Verkehrsmittel. Dort traf ich einige Frauen die ich von der Messe her kannte. Wir unterhielten uns kurz. Ich musste bald aussteigen, fuhr mit der Linie 60 aber eine Station zu weit. Das sei nicht schlimm meinte ich. Anscheinend hatte die Straßenbahn an der Station an der ich normal ausstieg, gar nicht gehalten. Das wunderte mich. Trotzdem kam ich zum Bus zurecht. Er war noch gar nicht da.

Entsetzt stellte ich fest, dass entweder abgedeckte Leichenteile, oder Tücher von Leichen die voll Blut und Körperflüssigkeiten waren, auf der Straße lagen. Wahrscheinlich hatte sie der Mann, der die Leichen transportierte, einfach auf der Straße abgelegt. Darüber regten sich einige Menschen auf, die in der Nähe standen. Es sah anfangs auch aus, als liege sogar eine abgedeckte Leiche auf der Straße. Der Mann der den Leichenwagen fuhr war vermutlich Türke. Für ihn waren Leichen etwas Gewöhnliches. Ich verstand nicht, wie man so damit umgehen konnte.

Dann sah ich in einer Gasse mehrere Leichen, oder Särge mit Leichen, aufgestapelt stehen. Kurz davor hatte es ein Ereignis mit vielen Leichen gegeben. Wahrscheinlich an dieser Stelle. Direkt bei der Bushaltestelle. Die meisten Leichen hatte man abtransportiert, aber einige hatte man dort gelagert.

------------------------------------------------

Erfüllung:
11.10.2017 *Kurz nachdem ich aufstand und den Traum notierte fuhr ich weg. Als ich an die Kreuzung kam von der ich geträumt hatte, kam gerade ein Auto aus der Straße und fuhr gegen die Einbahn weiter.*

*Am Steuer saß ein Mann, der ähnlich wie der Türke im Traum aussah. Er saß in einem Kastenwagen, also im Wagen einer Firma, aber nicht in einem Leichenwagen. Weil ihm gerade viele Autos entgegen kamen, gab es einen argen Stau, ein Hin und Her, bis der Fahrer endlich umkehren konnte. Diese Szene konnte ich leider nicht fotografieren. Ich fuhr nach Hause und nach ca. 2 Stunden fuhr ich wieder fort, wieder an dieser Kreuzung vorbei. Diesmal standen dort Feuerwehr, Rettung und Polizei. Zumindest ein Auto war total beschädigt. Es hatte also einen schweren Unfall gegeben. Ob es Verletzte, oder gar Tote gab, weiß ich*

94

*nicht. Das wäre durchaus zu eruieren,
ebenso wie der Zeitpunkt des Unfalls.
Leichen hatte man natürlich keine
aufgestapelt.*

-------------------------------------------

10. 10. 2017

Auf der Straße traf ich auf eine junge
Frau, welche ich auch im Traum nicht
kannte. Wir kamen ins Gespräch. Unter dem
Arm trug sie ein großes Bild das gemalt zu
sein schien. Im Traumverlauf wurde es dann
aber zu einem Foto.

Sie erzählte mir, es an eine bestimmte
Adresse schicken zu wollen. Ich versuchte
mir krampfhaft im Traum diese Adresse zu
merken, weil ich dort auch etwas
hinschicken wollte. Vielleicht hätte ich
sie mir auch real gemerkt, wäre ich
aufgestanden und hätte den Traum sofort
aufgeschrieben. Im Traum konnte ich sie mir
merken. Dorthin habe sie schon vor zwei
Jahren etwas geschickt. Das Bild würde
jetzt schon das 2. Jahr dort hängen. Nun
habe man ihr mitgeteilt, sie solle etwas
Neues schicken.

Eigentlich handelte es sich um einen
Wettbewerb, an dem ich mich jetzt auch
beteiligen wollte. Es scheint aber doch
etwas anderes gewesen zu sein, weil man ja

nicht 2x dasselbe Bild nimmt. Ich meinte, es sei vermutlich langweilig, immer dasselbe Bild zu zeigen. Dem stimmte sie zu. Dann ging ich. Sie würde nicht merken, dass ich mich auch beteiligen würde, weil sie meinen Namen nicht kannte.

8. 10. 2017

Als wir unterwegs waren trafen wir auf drei oder vier junge Männer. Sie erzählten uns, sie seien Musiker. Weil sie ziemlich schräg aussahen, dachte ich sie würden ganz harte Musik machen. Doch dann legten sie los und ich war enttäuscht. Mit ziemlich hohen Stimmen sangen sie einen sanften Song.

5. 10. 2017

Eine Person von der ich nicht weiß wer sie war, war gemeinsam mit mir bei jemandem vorstellig geworden. Meine Begleitperson (ich glaube es war L.) hatte ich zur Verstärkung mitgebracht, weil ich mich alleine nicht traute auf meine Rechte zu pochen. Es ging um eine Investition meines Onkels in ein Geschäft und zwar um entweder 50000 oder 500000 Euro. Das Geld wollte ich zurück haben. Es gehörte zwar meinem Onkel, aber auch mir. Wieso es mir gehörte war auch nicht so ganz klar. Ich würde mit ihm kommen, damit er selbst das Geld fordern kann, meinte ich.

Die Frau mit der wir sprachen sagte, derzeit könne sie das Geld nicht her geben, weil gerade eine Sitzung gewesen sei. Bei dieser wurde etwas mit dem Geld gemacht. Deshalb müsse man jetzt ein Jahr lang warten, aber trotzdem rechtzeitig vor Ablauf einer bestimmten Frist um Rückzahlung einreichen. Das gefiel mir ganz und gar nicht. Schließlich hatten diese Leute keinerlei Anspruch auf das Geld.


3. 10. 2017

Wie genau der Traum begann weiß ich nicht mehr. Die Erinnerung setzt dort ein, wo mir bewusst wurde, dass ich eine Gefangene war. Das betraf nicht nur mich, sondern auch sehr viele andere Menschen. Wir waren in Österreich und alle waren Österreicher. Während ich anfangs das Gefühl hatte, irgendwie eingesperrt zu sein, konnte ich mich später ganz frei bewegen. Genauso wie auch alle anderen Gefangenen. Nur nach Hause durften wir nicht gehen. Manche dieser Leute kannte ich. Ob sie nur Traum-Bekanntschaften waren, oder ob ich sie aus dem realen Leben kenne, weiß ich nicht genau.

Dass wir uns in Österreich befanden war verwunderlich, weil die ganze Sache absolut nichts mit Österreich zu tun hatte.

Der Traum war auch ein Klo-Traum. D. h. ich musste ganz dringend auf die Toilette, fand jedoch keine Gelegenheit und keinen geeigneten Platz. Anscheinend musste sonst niemand aufs Klo, denn auf meine Frage wo man denn eine Toilette finden könne, gab es keine Antwort. Nur eine Frau meinte, es gäbe ein ... (ich habe die genaue Bezeichnung vergessen), aber dort war ich schon gewesen. Dabei handelte es sich um eine Schale, die man öffnen konnte. Sie war an einem Polstersessel befestigt und dieser befand sich mitten in einem ziemlich belebten Raum. Die Leute konnten zusehen. Der Behälter war leider etwas zu klein, um meinen Harn komplett aufzufangen. Er spritzte in alle Richtungen, was mich veranlasste, meine Entleerung wieder einzustellen.

Verzweifelt suchte und suchte ich nach einer Toilette, oder wenigstens nach einem Platz im Freien, an dem sich gerade niemand befand. Immer wenn ich mich gerade irgendwo hin hocken wollte, kam jemand vorbei. Auf meiner Suche kam ich in ein Geschäftslokal. Obwohl ich mich in der Gegend aufhielt, in der ich real wohne, sah doch manches anders aus. Einige Leute unterhielten sich mit mir. Sie wunderten sich über mein

Umherirren. Da sagte ich: "Ich bin eine Gefangene. Eine Gefangene der Türkei. Eine Gefangene von Erdogan!" Ich besserte mich immer aus, weil mir während ich sprach erst bewusst wurde, was passiert war. Doch danach wunderte ich mich erst recht. Die Leute fragten mich, wieso ich eine Gefangene war. Darauf meinte ich: "Ich war in der Türkei, mehr nicht! Die anderen Leute waren auch nur in der Türkei!" Niemand von uns hatte etwas verbrochen, man hielt uns ja auch nicht in der Türkei fest, sondern in Österreich. Das war mysteriös. Was könnte denn der Grund sein? Das wusste ich nicht. Krampfhaft dachte ich nach. Dann wurde mir klar, man wollte uns als Zeugen haben. Wahrscheinlich würde man uns so lange festhalten bis wir bereit waren, als Zeugen auszusagen. Was sie hören wollten war mir nicht klar. Würde man uns ewig festhalten, falls wir nicht das Gewünschte aussagen würden? Würde ich das ewig durchhalten? Von da an grübelte ich, kam jedoch zu keinem Ergebnis.


24. 9. 2017

In der Buchhandlung, in welcher ich real gearbeitet hatte, wollte ich wieder arbeiten. Die Leiterin der Geschäftsstelle war auch anwesend. Sogar im Traum war mir klar, dass sie vielleicht gar nicht mehr lebte, oder zumindest sehr alt sein müsse.

99

Diese Gedanken irritierten mich. Viele Kunden strömten ins Geschäft. Ich bediente sie aber anscheinend nicht, sondern räumte ständig Bücher irgendwo aus, um dann einige auszusortieren.

Wahrscheinlich waren es alte Bücher, die ich unbedingt verkaufen wollte. "Darf ich die Auslage machen?", fragte ich die Chefin. (Im realen Leben hatte ich oft unverkäufliche Bücher verkauft, wenn ich sie in die Auslage stellte. Diese Arbeit gefiel mir.) Mir fiel auf, dass ich mich nicht um die Kunden kümmerte, obwohl die Kollegen nicht mehr wussten, wen sie zuerst bedienen sollten. "Darf meine Tochter hier in den Ferien arbeiten?", fragte ich weiter. Offenbar hatte ich eine Tochter die noch zur Schule ging.


18. 9. 2017

Genau erinnere ich mich an den heutigen Traum nicht. Es ging die ganze Zeit um meine Brille. Sie war total kaputt, deshalb musste ich so schnell wie möglich eine neue organisieren. Das war nicht so einfach, weil ich nicht gleich einen Termin beim Augenarzt bekam. Deshalb wollte ich mir zuerst beim Optiker eine anmessen lassen und später dann zum Arzt gehen.

11. 9. 2017

Ich lernte den Mann von Z. kennen, sowie die Leute, in deren Umfeld sie sich aufhielt. Erst nachträglich merkte, oder dachte ich, dass ich ein Nachthemd trug. Darüber hatte ich noch eines und darüber dann etwas anderes. Das wunderte mich. Ich schämte mich auch dafür. Es wurde noch schlimmer. Der Traum war allerdings etwas verwirrend.

Eine Frau schenkte mir etwas, weil mir das was sie mir gab, sehr gut gefiel. Jemand, vielleicht Z., war in einem kleinen Raum. Die Person ging dann weg und ich ging hinein. Dort wartete ich. Niemand kam zurück. Die Leute vergaßen auf mich. Als sie schließlich doch wieder an mich dachten, verschwand ich einfach. Als habe ich mich in Luft aufgelöst. Im Traum wusste ich selbst nicht wo ich war. Als wäre ich gleichzeitig Erlebende und Zuschauer. Der Grund waren Experimente die jemand machte. Sie führten bei mir vermutlich zu Bewusstseinsstörungen.

Ein heftiger Kampf gegen irgendwelche Leute, die uns angriffen. Es war eine Übermacht, aber wir handelten sehr klug und konnten uns deshalb behaupten. Wie bei einem Actionfilm gab es Berge von Leichen. Es fielen zahlreiche Schüsse, Granaten rissen Löcher in Wände, usw. Ganz

101

unschuldig fühlte ich mich dabei nicht,
aber im Recht. Es war Notwehr und die
Feinde waren kriminell.


8. 9. 2017

Jemand schlief in einem Zimmer, in dem es
gespukt hatte. Wer das war weiß ich nicht.
Diese Person schlug mir vor, ab nun in
ihrem Zimmer zu schlafen, denn dort stand
ein freies Bett. Ich wollte ihr nicht
sagen, dass ich dort nicht schlafen könne,
weil es gespukt hatte, um sie nicht zu
verunsichern und zu ängstigen. Aber es war
so. Dort hätte ich kein Auge zugemacht.

Ich tat so als würde ich überlegen. In der
Zwischenzeit bot mir jemand anderer an bei
ihm zu schlafen, denn auch dort war ein
Bett frei, allerdings war das Zimmer im
selben Haus. Das wollte ich auch nicht.
"Jetzt habe ich gleich zwei Möglichkeiten
wo ich schlafen könnte!", sagte ich.
Plötzlich war da ein kleiner, lieber Geist
und noch ein zweiter, der aber etwas anders
aussah. Sie gingen nicht, sondern sie
rollten auf kleinen Rädern und sie konnten
leuchten. Ängstigen musste man sich vor
denen nicht. Ich schlug immer wieder einen
davon auf den Kopf, um ihn einzuschalten,
Das funktionierte manchmal, aber nicht
immer. "Warum tust du das immer?", fragte

er verärgert. Die Beiden wirkten mehr wie Roboter, als wie Geister. Dann zeigten sie uns endlich den Weg zu einem Zimmer, in welchem ich übernachten konnte ohne von Geistern gestört zu werden. Sie leuchteten uns den Weg aus, der durch einen langen, dunklen Gang führte. Einer sagte ständig: "Bip, bip, bip!" Ich glaube in Wahrheit war das der Wecker.

Anmerkung: In letzter Zeit kann ich gar nicht mehr schlafen. Deshalb fragte ich mehrmals mein Unterbewusstsein nach der Ursache. Ich verstehe den Traum so, dass er mir sagen wollte, ich wäre noch wegen des Spuks unruhig. Das wäre aber nicht notwendig, weil es kein Geist ist, sondern eher eine Energie die ich "einschalte". Es stimmt auch, dass mich dieses Erlebnis noch immer sehr beschäftigt. Gestern schrieb ich jemandem davon. Aber das ist nur eine Theorie, weil der Traum nicht ganz deutlich antwortet, sondern in Bildern.


31. 8. 2017

Eine Szene die ich beobachtete regte mich auf. In einiger Entfernung sah ich, wie eine Frau einen Hund zuerst schlug, ihn danach auch noch mit einer Stange quälte, die sie ihm auf den Kopf schlug. Eigentlich rammte sie ihm die Stange in den Kopf. Der Hund konnte ihr nicht entkommen. Wie sie

103

aussah, weiß ich nicht. Ich rief die Polizei. Die kam auch schon bald.

Was die Polizisten dann bei mir zu Hause machten, weiß ich nicht so genau. Bald sah ich sie gar nicht mehr, bis auf einen. Es dauerte einige Zeit bis ich begriff, dass die anderen schon fort waren. Der Polizist wirkte etwas dumm. Offenbar kam er aus einem anderen Bundesland. Das hörte man an seinem Akzent. Zumindest war er freundlich und lustig. Bei mir schien es ihm zu gefallen. Wir unterhielten uns. Anscheinend nahm er seinen Beruf nicht so ganz ernst, denn er sagte er würde hin und wieder etwas tun, was Polizisten eigentlich nicht tun sollten.

Im Verlauf des Gesprächs fragte ich, was nun mit meiner Anzeige sei. Daraufhin meinte er, es gäbe keine. Die Frau könne man nicht belangen, sie habe keine Angehörigen. Was sollte das nun heißen? Das verstand ich nicht. Sie habe schon öfter Dinge getan, für die man sie anzeigen wollte, aber niemand gehe gegen sie vor. Den Hund könne man ihr auch nicht abnehmen. Auch als ich ihm die Stange zeigte und das Ding, mit dem sie die Stange auf den Kopf des Hunde gepresst hatte, blieb er bei seiner Meinung. Es war nichts zu machen.

30. 8. 2017

Ein großes Kuvert wurde vom Briefträger abgegeben. Als ich es öffnete waren mehrere Personen anwesend. Zumindest M. und Y. erkannte ich. Wer die anderen waren weiß ich nicht. Als ich es öffnete fiel mir auf, dass einige Schriftstücke in cyrillischer Schrift abgefasst waren. Das wunderte mich schon sehr. Ich konnte es nicht lesen, weil ich kein Russisch kann. Absender war die KPÖ.

Abgesehen von dem russischen Teil gab es noch eine ganze Mappe in deutscher Sprache. Der Teil stammte von einem sehr alten KPÖ Vertreter. Ich fragte mich, ob er überhaupt noch lebt. Obwohl ich im Traum sehr genau las, weiß ich nicht was ich gelesen habe. Bald wurde es mir langweilig. Ohne bis zum Ende zu lesen, legte ich die Mappe weg. Auf einem weiteren Blatt fand ich eine Einladung zu einer Veranstaltung. Sie hatte etwas mit Hühnern zu tun. Genau kann ich mich daran auch nicht erinnern.

Nun überlegte ich, ob ich zu der Veranstaltung gehen, oder lieber einen Brief schreiben solle um zu erklären, weshalb ich die KPÖ nicht wählen würde. Zu den letzten Wahlen war ich gar nicht gegangen, aber diesmal wollte ich wirklich wählen. Aber eben nicht die KPÖ. Auch nicht aus Protest gegen die etablierten Parteien.

Denn würde ich die KPÖ wählen, könnte ich meinen Stimmzettel gleich weg werfen. Diese Partei habe keine Chance genug Stimmen zu bekommen, um überhaupt ins Parlament gewählt zu werden. Ich packte alles wieder ein und ging fort.

Y. begleitete mich. Wir kamen zu Straßen, die ich aus dem realen Leben nicht kenne. Zum Teil waren sie wie Landstraßen, die nicht befestigt sind. Überhaupt kam man sich wie auf dem Land vor. Mir fiel eine Bank auf, die zum darauf Sitzen gedacht war. Neugierig hob ich sie ein Stück hoch. Sie hatte keine Beine, sondern viele lange Eisenstangen, die nicht sonderlich stabil waren. Mich wunderte, dass diese Bank überhaupt stehen konnte.

Es gab ein großes Geschäft inmitten der Einöde. Dort wollten wir hinein. Davor waren Menschen und viele Tiere. Man durfte die Tiere streicheln. Eine Frau kam mit Tieren auf mich zu, von denen ich nicht wusste was für einer Art sie angehörten. Eines knabberte an mir. Ich streichelte es, fühlte mich jedoch irgendwie bedrängt. Eine andere Frau fiel mir auf. Sie hatte mehrere Tattoos, die an Hinweisschilder erinnerten. Eines zeigte einen Gehängten.

Wir versuchten uns durch die Mensch/Tieransammlung zu drängen und gingen ins Geschäft.

------------------------------------------------

Erfüllung:
Am 6. Oktober 2017 - schickte mir die KPÖ zwar keine direkte Wahlwerbung, aber die "Volksstimme". In dieser Zeitung (die gibt es noch?) ist vor allem Wahlwerbung. Cyrillisch ist nichts in der Zeitung. *Interessant darin ist, dass auf der Seite 13 steht: "Würden alle, die KPÖ PLUS nicht wählen, weil das eine verlorene Stimme wäre, doch KPÖ PLUS wählen, wären ihre Stimmen nicht verloren. (Leo Lukas, Autor und Kabarettist) Ich gehe nicht davon aus, dass der Herr Lukas meinen Blog liest und deshalb genau das schreibt, was ich im Traum gesagt habe.*

------------------------------------------------

29. 8. 2017

Es war etwas ähnliches wie eine Odyssee. Den Anfang habe ich leider vergessen. Die Erinnerung setzt an einem Punkt ein, als ich einen Weg ging, der durch den Berg führte. Ich glaube vorher fuhr ich auf den Berg. Aber daran erinnere ich mich nur schemenhaft. Der Weg war eng und wurde immer enger. Schließlich war es mehr ein Loch, als ein Weg. Der Boden war auch nicht glatt, sondern uneben, wie die Natur ihn geschaffen hatte. Zuerst wollte ich da nicht hinein weil ich Angst hatte, ich würde vielleicht stecken bleiben. Aber hinter mir waren viele Leute die weiter wollten. Umkehren ging einfach nicht, daher wagte ich es, in dieses Loch zu kriechen. Doch plötzlich waren wir in einem großen Raum, glaube ich, oder in einem Gebäude. Auch da befanden sich viele Menschen. Man konnte von einem Raum in den nächsten gehen. In einem befanden sich extrem viele Kinder. Alles wirkte irgendwie bedrückend.

Böse Dinge geschahen, wobei ich nicht von diesen Dingen träumte, sondern bloß wusste, dass es so war. Für Kinder ist das nichts, sagte ich und dachte dabei an meine Tochter, die irgendwo weiter hinten nach kam und ein Kind war. Das wusste ich, ohne sie zu sehen. Gleichzeitig wurde mir halb bewusst, dass da ja trotzdem viele Kinder waren, die eigentlich nicht hätten da sein sollen.

Mit der Zeit begriff ich, man musste richtige Entscheidungen den Weg den man wählte betreffend, treffen. Das Problem dabei war jedoch, dass man gar nicht wissen konnte was richtig und was falsch war. So gesehen traf man im Prinzip eigentlich ja gar keine Entscheidungen. Offenbar fühlte ich aber was richtig und was falsch war, denn ich wählte schließlich den richtigen Weg. Das war gut für mich.

Eine jüngere Frau hatte sich mir angeschlossen und deshalb auch den richtigen Weg gewählt - allerdings ohne es zu wissen. Plötzlich fiel ihr ein, sie hatte etwas vergessen. Deshalb verließ sie den Raum und ging zurück, um es zu holen. Ich rief ihr zu sie solle hier bleiben, das sei wichtig, doch sie hörte nicht auf mich, weil sie ja nicht verstand worum es ging. Sie glaubte mir nicht, obwohl ich ihr die Situation erklärte. Etwas später kam sie wieder, ging nochmals in den richtigen Raum, aber es war zu spät. Jemand lenkte sie ab. Das führte dazu, dass sie sich wieder verirrte. Wer den richtigen Raum verließ, durfte dort nicht wieder hin. Ich blieb.

*Ich beobachtete eine jüngere Frau mit dunklen Haaren. Sie wirkte muskulös. Das gefiel mir.* Es fällt mir schwer zu beschreiben wie es weiter ging, denn ich konnte es selbst nur schwer begreifen. Offenbar bestand eine Beziehung zwischen mir und ihr. Fast als wäre ich sie, jedoch ohne mich mit ihr tatsächlich zu identifizieren. Anscheinend war ich nicht mehr da, sondern ich war nur noch Beobachter. Was aber auch meine Anwesenheit voraussetzt. Dann wurde es noch unverständlicher.

Die Frau trug einen weißen Bademantel in der Öffentlichkeit. Ich glaube sie saß in der U-Bahn. Etwas ging durch sie hindurch, ohne sie dabei zu verletzen. Vielleicht war es ein Gurt, oder eine Latte. Ich erinnere mich nicht genau. Sie schien nicht materiell zu sein. Anscheinend bemerkte sie gar nicht was mit ihr geschah. Da merkte ich, dass sie träumte. Sonst wäre es nicht möglich gewesen, dass etwas durch sie hindurch geht, ohne sie zu verletzen. Was ja irgendwie absurd ist.

Theoretisch wäre sie in dem Fall der Traum, bzw. eine Traumfigur gewesen, also eigentlich mein Traum. Ich hätte merken müssen, dass ich es bin, die träumt. Doch so empfand ich es nicht. Das war sehr verwirrend.

------------------------------------------------

*Traumerfüllung: Am 30.8.2017*
*https://kurier.at/wellness/crossfit-*
*athletin-zeigt-sixpack-in-anderem-*
*licht/283.284.479 ein Artikel mit Foto. Man*
*sieht eine Frau, die sehr muskulös ist und*
*die mehr wie ein Mann, als wie eine Frau*
*wirkt.*

*Die Differenz zwischen dem Traum und dem*
*Zeitungsbericht beträgt somit einen Tag.*
------------------------------------------------

24. 8. 2017

Der Traum begann gleich mit einer gefährlichen Situation.

Es gab zähen Verkehr auf der Wientalstraße in Richtung innere Stadt. Plötzlich scherte ein roter Sportwagen von der rechten Spur links aus, fuhr vor den anderen Autos quer zur Fahrbahn, um dann mit quietschenden Reifen direkt vor mir und zur Gegenrichtung hin, zu fahren. Gerade noch konnte ich bremsen und hupte ihn an, damit der Fahrer sein Fahrzeug anhielt. "Das ist eine Einbahnstraße?" Ich glaube er sagte diese Worte und ich konnte sie hören, obwohl ich im geschlossenen Fahrzeug saß. Mit dem Typen stimmte etwas nicht, das war klar. Plötzlich hörte man Polizei kommen. Die Autonummer hatte ich mir zur Sicherheit notiert, was jedoch nichts brachte, weil er es stehen ließ. Inzwischen hatte er ein anderes, ebenfalls rotes Auto gefunden, mit dem er los raste.

Eine Polizeistreife überquerte gerade die Wiental Straße. Blaulicht und Folgetonhorn sagten, sie war im Einsatz. Leider nicht wegen dem Mann, der nun rechts abbog und hinter der Polizei nach fuhr. Das Nummernschild hatte ich kurz sehen können, merken konnte ich mir leider nur die ersten drei Zahlen. Sollte ich den Notruf wählen? Ich war unsicher.

Der Traum ging plötzlich in eine ganz andere Richtung. Hier versagt leider auch die Erinnerung teilweise. Es sind nur einzelne Bruchstücke, an die ich mich genau erinnern kann.

Ein Gespräch. Ich nannte einen Namen. Es war ein ganz einfacher, gängiger deutscher Name, wie ein Herr Schuster, oder Schober, oder so ähnlich. Der hatte (glaube ich mich zu erinnern) ein Video gehabt. In diesem ging es um einen Nazi, oder er selbst war einer. Aber diesen Mann gab es in der von mir genannten Position nicht mehr, wurde mir gesagt. Es folgten kurze Szenen, wie aus einem Film, oder einem Theaterstück. Einmal ging es um einen bestimmten Marokkaner, von dem gesagt wurde man müsse ihn abwehren. Ich sah in diesem Zusammenhang einen Mann in einer historischen Uniform.


22. 8. 2017

Meine Erinnerung setzt bei einem Gespräch ein, welches ich mit einer Frau führte, die ich im realen Leben nicht kenne. Sie meinte ich hätte ja noch nie gearbeitet. Dem widersprach ich und sagte, sie solle doch einmal eine 120 Kilo schwere Frau aus dem Bett oder ins Bett heben.

Das war eine Übertreibung, weil ich wahrscheinlich noch nie eine so schwere Patientin gehabt hatte. Dann dachte ich an die schwere Gartenarbeit, die ich momentan machte, sagte aber dann doch nichts darüber. Meine Worte machten sie nachdenklich. "Da muss ich mich korrigieren. Das wären dann doch 3000 Kalorien!", erklärte sie. Genau kann ich nicht sagen worum es ging, nur dass es mit meiner Ernährung zu tun hatte.

Wir stiegen aus dem Bus und gingen zur Straßenbahnhaltestelle der Linie 60. Ich solle mir etwas kaufen, verlangte sie von mir. Zu finden war es in einem kleinen Automat, der dort an einer Hauswand angebracht war. "Die Straßenbahn kommt schon, das geht sich nicht mehr aus!" rief ich. Ich hatte mich getäuscht. Weit und breit keine Straßenbahn. Nun suchte ich nach Geld, oder vielleicht auch nach etwas anderem, mit dem man das Zeug kaufen konnte. Angeblich waren das irgendwelche Erden. *Dabei bemerkte ich in meiner Tasche eine große Packung Manner Schnitten. Es waren auch noch andere Personen anwesend, die zu uns gehörten. Diesen bot ich die Schnitten an. Ich wollte sie eigentlich gar nicht essen.*

---------------------------------------------

*Traumerfüllung: 31.8.2017 erschien auf der Kurier Seite ein Artikel über Mannerschnitten, zusammen mit einem Foto.*
*https://kurier.at /wirtschaft/leichterumsatzrueckgang -im-hause-manner/283.612.220*

*Dabei geht es darum, dass der Umsatz rückläufig ist, weil: "Im Ausland waren die Süßwaren von Manner weniger gefragt". Die Übereinstimmung besteht also sowohl was das Bild betrifft, denn ich sah ja eine große Packung Manner-Schnitten, als auch was die Aussage betraf, denn ich wollte sie nicht essen, was sinngemäß aussagt, dass Leute (es waren ja viele anwesend) im Ausland, sie nicht essen mögen.*

-----------------------------------------------


20. 8. 2017

B. kam zu mir und zeigte mir ein Blatt Papier. Auf diesem war allerhand geschrieben, alles war durcheinander. Das Durcheinander wollte sie mir nicht zeigen. Ihr ging es um eine Zahl die darauf zu lesen war, von ihr geschrieben. Vielleicht waren auch einige Buchstaben dabei. Die Zahl bezog sich auf etwas, bei dem man gewinnen konnte. Ich legte das Papier hin und meinte lächelnd: "Das ist die erste Million!" Ob es eine Frage, oder doch eine

Feststellung war, kann ich nicht genau sagen.


19. 8. 2017

An den heutigen Traum erinnere ich mich zum Teil genau, zum Teil jedoch nur dunkel Meine (real bereits verstorbene) Mutter kam zu uns. Gemeinsam mit ihr kam noch eine weitere Person (die auch bereits verstorben ist). Wer diese Person war, habe ich vergessen. Alles war so wie es früher immer gewesen war.

Als meine Mutter kam wirkte sie total real, war aber etwas jünger, als sie zur Zeit ihres Todes war. Sie wirkte agil, beweglich, ging die Treppe hoch und betrat das Wohnzimmer. In diesem Moment begann ich an meiner Wahrnehmung zu zweifeln. War sie es wirklich? Sie war doch gestorben. Deshalb beobachtete ich sie nun genau.

Im Traum dachte ich zu wissen auf welchen Platz sich meine Mutter immer automatisch gesetzt hatte. Das tat sie diesmal nicht. Überhaupt konnte sie sich nicht entscheiden, wohin sie sich setzen solle. Je genauer ich beobachtete, desto mehr Differenzen zwischen ihr und meiner Erinnerung an sie tauchten auf. Plötzlich wurde ich gewahr, dass sie auch ganz anders aussah, als sie früher ausgesehen hatte. Da war klar: diese Frau konnte nicht meine Mutter sein. Es war eine Fremde, die sich nur als meine Mutter ausgab. Doch wer war sie?

"Von den Toten auferstanden?", meinte ich höhnisch.
Irgendwann sprach ich sie daraufhin an. Sie gab zu, eine fremde Frau zu sein. Offenbar gehörte sie zu meinen Feinden. Andere fremde Personen tauchten auf, die alle Feinde waren. Zu der fremden Frau hatte ich nun eine gewisse persönliche Beziehung hergestellt, weshalb ich ihr gewissermaßen vertraute. Aus diesem Grund gab ich ihr zu verstehen, dass ich sie durchschaut hatte. Es war kein tiefes Vertrauen, weil sie ja doch ein Feind war. Ob ich sie, oder eine andere Person gerade heraus fragte wer sie sei, erinnere ich mich nicht. Jedenfalls lautete die Antwort: "Das möchtest du nicht wissen!" Das klang zwar gefährlich, ich hatte trotzdem keine Angst. Obwohl sie taten als seien sie Ausländer (vielleicht Amerikaner), hielt ich sie für Österreicher.

Auch M. war da, spielte im Traum aber nur eine eher unwichtige Rolle. Schon bald ging er weg. Da begannen sich die Fremden näher mit mir zu beschäftigen.

Anscheinend waren sie Polizisten, von einem Geheimdienst, oder vom Militär. Das war nicht so ganz klar. Es gab Fragen zu irgendwelchen Veröffentlichungen im Internet, die von mir stammten. Eine eher dicke Frau dunklen Typs meinte: "Was werden wir jetzt zu hören bekommen?" Sie erwarteten von mir irgendwelche wichtige Informationen, oder vielleicht ein Geständnis, oder was auch immer. Einige Zeit dachte ich nach, dann sagte ich: "Ich habe keine Ahnung worum es geht!" Das hatten sie befürchtet. Es entsprach der Wahrheit, denn ich wusste nicht was diese Leute über mich dachten, was sie wollten, was sie erwarteten. Weder kannte ich irgendwelche Geheimnisse, noch irgendwelche Leute, von denen sie vielleicht etwas wissen wollten. Ich war ratlos. Das konnten oder wollten sie nicht glauben.

Man wollte mich wegbringen. Dazu sollte ich auf eine Leiter steigen, die fast gerade stand. Oben gab es einen kleinen Raum der so niedrig war, dass man nur kriechend weiter kommen konnte. Das machte mir Angst. Bereits halb auf der Leiter stehend, weigerte ich mich weiter nach oben zu klettern. Auch der Abstieg war mit extremen Ängsten verbunden, doch ich schaffte es, ohne hinunter zu fallen.

17. 8. 2017

An den Traumanfang kann ich mich nicht erinnern. Aber ich denke es gab eine längere Handlung. Konkret wurde es erst an dieser Stelle:

Eine Frau prüfte viele Menschen. Wer diese Leute waren und was genau geprüft wurde weiß ich nicht mehr. Sie bildeten zwei Schlangen. In eine der beiden hatte ich mich eingereiht. Zuerst dachte ich, eine Gruppe werde vielleicht benachteiligt, denn sie würde die andere Gruppe konsequenter dran nehmen. Doch bald wurde klar, sie prüfte abwechselnd jemanden von der einen und dann jemanden von der anderen Gruppe. Trotzdem musste ich lange warten. Schließlich kam auch noch eine Person dazwischen, die sich nicht angestellt hatte.

Endlich kam ich an die Reihe. Die ganze Zeit überlegte ich, worüber ich sprechen sollte. In der Hand hatte ich einen Kuchen, als sie mich endlich aufrief. Sie ging mit mir ein Stück, legte ihren Arm auf meine Schulter, als wären wir miteinander vertraut. Plötzlich sagte ich: "Wasser" Worauf sie perplex zu sein schien. Das wollte sie nicht akzeptieren. Schließlich hatte ich einen Kuchen in der Hand. Der habe doch rein gar nichts mit Wasser zu tun. Davon ließ ich mich nicht beirren, weil ich über Kuchen so gar nichts zu sagen hatte. "Wasser ist die Grundlage unseres Lebens!", fuhr ich fort. Jetzt akzeptierte sie meine Bemühungen, vom Kuchen wegzukommen.

Während ich weiter referierte, läutete der Wecker.


17. 7. 2017

Einige Leute hatten sich auf der Straße versammelt. Als ich näher kam bemerkte ich einen hellbraunen Hund, der reglos am Boden lag. Er wirkte als wäre er tot. Vermutlich war er bewusstlos. Die Leute beratschlagten, ob sie ihm Wasser zum trinken geben sollten. Was sinnlos gewesen wäre, weil er in diesem Zustand nicht trinken konnte. Ich meinte, sie sollten ihm besser Wasser auf das Fell schütten. Was sie dann auch taten. Der Hund kam wieder zu sich und die Leute zogen sich zurück. Nun stand ich mit dem einsamen Hund da, der sich langsam erholte. Besitzer waren keine in der Nähe. Dabei hatte er ein Halsband und eine Leine. Was sollte ich tun?

Kurzerhand holte ich meinen eigenen Hund, nahm den fremden Hund an der Leine und ging zum Auto. Meine Angst, der eigene Hund würde den fremden nicht einsteigen lassen, erwies sich als unbegründet. Ein Mann, von dem ich nicht weiß wer er war, den ich im Traum aber vielleicht kannte, stieg ebenfalls ein. Allerdings hinten, wo die Hunde waren. Dann kam auch noch ein dritter Hund dazu, von dem ich auch nicht weiß wer er war und wieso er ins Auto sprang. Vielleicht kannte ich ihn im Traum aber auch. Nach langem Hin und Her konnte ich den Mann endlich dazu bewegen, sich auf den Beifahrersitz zu setzen. Wohin ich fahren wollte weiß ich auch nicht. Im Traum wusste ich es vielleicht schon.

## 15. 7. 2017

In einem großen Saal befanden sich zahlreiche Personen. Auch ich war dort und wartete wie die anderen auch. Eine Prüfung sollte stattfinden. Dabei ging es um eine bessere Qualifikation, wobei zumindest einmal das Wort Hebamme fiel. Real wäre das für mich nicht zutreffend, denn ich war im realen Leben nie eine Hebamme.

Jemand wunderte sich über mein Alter. Obwohl mich diese Person für jünger hielt als ich es tatsächlich war. Offenbar nahmen normalerweise nur jüngere Menschen daran teil. Schließlich fragte ich mich selbst, warum ich das in meinem Alter noch machen solle. Ich war schon in Pension, konnte also berufsmäßig davon gar nicht profitieren. Doch dann dachte ich, die

Prüfung würde sich auf meine Pension auswirken. Die Pension würde dadurch steigen. Es schien auch gar nicht so undenkbar zu sein, ältere Personen mitmachen zu lassen.

Eigentlich wollte ich dann doch wieder gehen. Weil man mir jedoch ein Blatt Papier in die Hand drückte, auf dem die Fragen aufgeschrieben waren, überlegte ich es mir wieder und versuchte es doch. Die Fragen waren total einfach und hatten absolut nichts mit dem Beruf der Hebamme zu tun. Es ging um die Pflege von Haustieren und um andere, total alltägliche Sachen.

13. 7. 2017

Wir verreisten mit dem Auto. M. lenkte es und zwei Leute saßen mit mir gemeinsam drinnen. Sie waren meine Beifahrer. Wer die beiden Passagiere waren wurde mir nicht bewusst. Wohin wir fuhren kann ich auch nicht genau sagen. Vielleicht ging es Richtung Italien.

Einmal machten wir eine Pause. Weil M. schon sehr müde war, sollte ich ans Steuer. Mich verwirrte die Situation die ich vorfand und ich hatte auch keine Ahnung, in welche Richtung ich fahren solle. "Was geben wir ins Navi ein?", berieten wir. Die anderen Leute machten schlechte Vorschläge.

Das konnte man einfach nicht so eingeben, wie sie es sich vorstellten. Zu blöd nur, dass mir nicht einfiel wie der Ort hieß, den wir erreichen wollten.

Dann saß doch M. wieder am Steuer. Allerdings hielten wir, als eine junge Frau daher kam. Sie tat etwas beim linken Vorderreifen (von innen gesehen links). Das ignorierte M. Er schien sie gar nicht zu bemerken, so müde war er schon. Erst als ich ihn mehrmals auf die Frau aufmerksam machte, wendete er sich ihr zu. Sie sagte nichts, hantierte weiter am Vorderrad. Schließlich stieg M. aus und sah: wir hatten einen Platten.

11. 7. 2018

Die handelnden Personen wirkten fremd und sogar ich selbst kam mir fremd vor. Auch die Umgebung entsprach nicht der Realität. Ich war Single und meine Kinder wohnten bei mir. Daher gehe ich davon aus, dass ich von Menschen träumte, die mir fremd sind.

Eines meiner Kinder wollte mich umbringen. Nicht aus persönlichen Motiven, das hätte ich vielleicht noch verstanden, sondern aus reiner Gier. Erfolgreich konnte ich mich wehren und meinte danach, das zweite Kind wäre nicht so, dem würde ich davon erzählen. Da fiel mir ein, auch dieses Kind habe ebenfalls bereits aus Gier versucht mich umzubringen. Dann wurde es unübersichtlich, bzw. kann ich mich nicht so genau erinnern. Es gab ein weiteres Ereignis das nichts mit mir zu tun hatte. Da schaltete sich die Polizei ein und ich hatte dadurch Gelegenheit, die Mordversuche zu erwähnen. Es gab jedoch keinerlei Konsequenzen. Auch ich blieb untätig, war aber jetzt vorsichtig und misstrauisch. Schließlich versuchten es beide gemeinsam noch einmal. Wieder konnte ich mich wehren. Ich sagte sie bräuchten einen Psychiater. Erst ab diesem Zeitpunkt wollte ich sie nicht mehr in meiner Nähe haben.

Ein Kind ging offenbar noch zur Schule, denn es hatte sich viele Bücher per Post schicken lassen. Diese sah ich mir nun an. Ich glaube es war deutsche Literatur. Mir tat es Leid meine Kinder zu verlieren, aber ich wollte sie nicht mehr bei mir haben und meinte, sie müssten sich sofort eine andere Wohnung suchen. Allerdings fürchtete ich, sie würden mich irgendwann vielleicht draußen überfallen. Die Polizei wusste über alles Bescheid, deshalb hoffte ich, sie würden es vielleicht doch nicht wagen.

-------------------------------------------------

Erfüllung: Tatsächlich gab es am 24. September 2017 eine Nachricht in den Medien:

123

*"Wie aus heiterem Himmel sei der 14-Jährige gegen Mitternacht mit einem Küchenmesser auf seinen im Wohnzimmer schlafenden 51 Jahre alten Vater losgegangen und habe ihm mehrere Stiche in den Bauch versetzt. Als die Mutter (52), die im Schlafzimmer durch den Lärm geweckt wurde, ihrem Mann zu Hilfe kommen und ihren Sohn wegziehen wollte, attackierte der Bursche auch sie. Er stach ihr mehrere Male in den Rücken.*

*Ein weiterer, älterer Sohn im Alter von 18 Jahren hielt sich außer Haus auf."*

http://www.krone.at/590220

Diese Meldung stimmt insofern mit dem Traum überein, als die Mutter angegriffen und schwer verletzt worden war und die Familie 2 Kinder hat. Ich denke es kommt nicht so häufig vor, dass ein Kind seine Mutter absichtlich zu ermorden versucht. Deshalb ist die Wahrscheinlichkeit, dass es sich um eine Traumerfüllung handelt, sehr groß.

Vermutlich hat mich diese Geschichte interessiert, weil eine Verwandte von mir, die ebenfalls 2 Kinder hat, von ihrem Sohn in der Vergangenheit mehrmals bedroht worden war - mit einem Schraubenzieher.

------------------------------------------------

124

7. 7. 2017

Herr Erwin Kastner, der Künstler, unterhielt sich mit mir. Um uns herum sah ich viele Bilder. Von wem sie gemalt worden waren weiß ich nicht. "Eines ihrer Bilder würde ich mir sofort zu Hause aufhängen!", meinte ich. Als wir über den Verkauf sprachen sagte er: "Ein Bild habe ich noch! Das können sie haben." "Leider kann ich mir das nicht leisten!", antwortete ich. Es kostete mehrere Tausend Euro, wäre aber vielleicht eine Geldanlage gewesen.


6. 7. 2017

An den Traumanfang erinnere ich mich nicht mehr. Gemeinsam mit einigen Personen kam ich in eine Wohnung. Es gab nur wenige Möbel. Deshalb hallte es, wenn jemand etwas sagte. Überhaupt wirkte sie etwas armselig. "Sie ist ziemlich klein!", meinte ich, während ich mich aufmerksam umsah. "Die Wohnung in Floridsdorf (Wohnung der Urgroßeltern) war größer?" Jemand antwortete: "Sehr viel größer war die auch nicht." Es folgten weitere Überlegungen bezüglich dieser Wohnung. Obwohl ich mich zuvor genau umgesehen hatte fiel mir erst jetzt auf, dass es andere Teile der Wohnung gab. Soweit man es erkennen konnte, waren sie extrem bunt gemustert. Es handelte sich um ausgesprochen unruhige Muster. Ein starker Kontrast zu dem weißen Wohnungsteil. Plötzlich wusste ich auch, dass es noch mehrere Zimmer gab, die ich eigentlich nicht sehen konnte. So klein war die Wohnung offenbar nicht.


## 5. 7. 2017

Eine Frau war schwanger und gebar ein Kind. Ob ich direkt von der Schwangerschaft träumte, oder nur nachträglich von ihr berichtete, ist unklar. Das Kind war männlich und noch sehr klein, da merkte ich, dass es sprechen konnte. Die anderen glaubten mir nicht. Ich verstand genau was es sagte und offensichtlich verstand es auch mich. Sogar eine andere Sprache schien es bereits zu sprechen. Zu einem Zeitpunkt, wo andere Kinder noch gar nichts können. Bald wurde mir klar, dass es sich an sein früheres Leben erinnerte.

So oft ich konnte unterhielt ich mich mit dem Kind. Das machten wir nur wenn niemand anderer direkt dabei war. "Erinnerst du dich wie du gestorben bist?", fragte ich das Baby. "Ja.", kam die Antwort. "Wir wurden von einem anderen Schiff gerammt!" Plötzlich fiel mir ein, die Leute zu denen das Kind gehörte hatten von einem derartigen Unglück erzählt. Ob ich von diesem Gespräch geträumt habe, oder ob es eine Traum-Erinnerung im Traum war, lässt

sich nicht feststellen. Das Kind zeigte mir eine Broschüre. "Das hier bin ich!" Es zeigte auf das Portrait eines Mannes. Ich fragte: "Wie ist es wenn man tot ist?" "Alles ist irgendwie durchsichtig! Man kann sehen. Aber die Blinden können trotzdem nicht sehen, die konnten nie sehen!"
Je länger wir uns miteinander unterhielten, desto mehr schien das Baby mit dem Mann zu verschmelzen. Ich weiß nicht sicher, ob ich ein Baby sah, oder doch den verstorbenen Mann. Leider konnte ich nicht weiter fragen, weil ich wach wurde.

-------------------------------------------

*Traumerfüllung:*
*am 7. Nov. 2017 schrieb die Kronen Zeitung im Internet auf*
http://www.krone.at/597179
*Boriska Kipriyanovich aus Wolgograd behauptet, auf einem "vom Krieg verwüsteten" Mars gelebt zu haben, der in der Vergangenheit unter einer nuklearen Katastrophe litt. Die zwei Meter großen Marsmenschen leben laut dem 20-Jährigen noch immer auf dem Roten Planeten und atmen Kohlendioxid ein. Sie seien unsterblich und hören im Alter von 35 Jahren auf zu altern.*
*...*
*Bereits nach seiner Geburt bemerkte Boriskas Mutter Nadescha, dass sich ihr Sohn, Boriska Kipriyanovic geistig extrem schnell entwickelte: "Nachdem Boriska auf die Welt gekommen war, fiel mir auf, dass*

127

er schon im Alter von 15 Tagen seinen Kopf heben konnte", erinnert sich die Ärztin. Sein erstes Wort folgte laut Nadescha bereits im Alter von vier Monaten. Im Alter von zwei Jahren konnte er dann vollständig lesen und schreiben.

Der Traum hat sich also zum Teil erfüllt. Der Unterschied besteht nur darin, dass sich Boriska an ein Leben auf dem Mars erinnert, das Kind in meinem Traum aber an ein Leben auf dieser Erde.

------------------------------------------------

1. 7. 2017

Was meine Person betrifft war der Traum nicht eindeutig.

Wahrscheinlich war ich nicht wirklich ich selbst, denn ich kam mir jünger als real vor.

Anscheinend war ich in einer Schule, oder an einer Uni. Dort gehörte ich nicht hin, das war klar. Ich musste unbedingt auf die Toilette, fand aber keine. Auch einige junge Frauen - offenbar studierten sie dort - suchten gemeinsam mit mir. Der Raum den wir fanden war offen einsehbar. Deshalb wollten wir dort unsere Notdurft nicht verrichten. Die anderen auch nicht. Endlich standen wir in einem großen Raum, in dem sich mehrere Toiletten befanden die wenigsten etwas wie eine bewegliche Wand hatten. Wir könnten einfach die Türe zusperren, meinte ich. Die Frauen waren einverstanden. Für mich war diese Idee nicht gut, weil sich alle vordrängten. Das ärgerte mich. Als ich endlich an die Reihe gekommen wäre, befanden sich plötzlich viele Menschen im Raum, die allesamt in Betten lagen und aussahen, als würden sie bald sterben. Es entstand der Eindruck ich würde mich in einem Krankenhaus befinden. Mich ärgerte das und so beschloss ich, einfach nicht auf die Toilette zu gehen.

Als ich durch das Haus ging, kam ich zu einem kleinen Kaffeehaus. Zumindest machte die Lokalität diesen Eindruck. Eine Gruppe junger Leute machte sich über mich lustig. In erster Linie waren es Frauen. Zumindest ein junger Mann war unter ihnen, der wie ein Rädelsführer wirkte.

Offensichtlich hatte er es auch auf mich abgesehen. Immer wieder sorgte er dafür, dass ich Schwierigkeiten bekam. Deshalb ging ich weg. Er konnte aufgrund großer Fensterscheiben die äußere Umgebung genau erkennen. Ich fürchtete er würde mir folgen. Deshalb vermied ich es an den Stellen vorbei zu gehen, die er einsehen konnte. Sicher war ich mir nicht, ob ich den richtigen Weg wählte, aber wie hätte ich es wissen sollen? Von mir aus gesehen ging ich links vorbei.

Plötzlich kam ich auf die Idee, ich müsse sofort auf die Toilette gehen. Draußen gab es eine Tribüne und darauf eine Toilette. Jeder konnte zusehen. Gerade als ich mich setzen wollte sah mein Stiefvater (lange verstorben) aus einem Fenster. Es war nicht unser reales Haus. Ich schrie: "Geh weg!" Schau nicht raus, ich geh gerade aufs Klo!" Er ging auch gleich vom Fenster weg.

Danach war ich in Gesellschaft von Ri. und Bu. Mir war bewusst, dass sie tot gewesen waren. Beide waren alt und konnten nur schwer gehen. Sie waren offenbar in ihrer Wohnung, in unserem realen Haus. Gerade kamen sie aus der Türe. R. trug Sandalen mit relativ hohen Absätzen. "Er soll sich besser flache Schuhe anziehen!", meinte ich. Gleich darauf rutschte er mit dem Fuß aus den Sandalen und ging mehr neben, als in ihnen. Ihr war das egal und ihm auch. Hoffentlich muss ich die Beiden nicht wieder pflegen, dachte ich. Er könne schon bald stürzen, ins Spital kommen und danach Pflege brauchen. Dann könne ich vielleicht nicht auf Urlaub fahren. Ich wollte aber unbedingt weg.

Ein Mann war da, dem ich meinen Traum (Traum im Traum) erzählte. Als ich damit fertig war, ging es wieder um meinen Urlaub. Das war verwirrend, weil ich das Geschehen nicht als Traum (im Traum), sondern als real (im Traum) erlebt hatte.

Obwohl ich es ihm nun als Traum (im Traum) erzählte, war es doch auch Realität. Schließlich wollte ich in der Traumrealität tatsächlich nach Russland auf Urlaub fahren. Dort sei es ruhiger als in anderen Urlaubsorten, weil dort nicht so viele Urlauber hin kämen. Ich wolle nur eines: Ruhe!

Diesem Wunsch schien jedoch auch eine Gefahr inne zu wohnen. Das spürte ich diffus. Wieder tauchte der Gedanke an meine Feinde auf - und zwar an alle, welche ich jemals gehabt hatte. Wie würden wohl die Einen meinen Urlaub aufnehmen und wie die Anderen?


9.6.2017

Offenbar antwortete der Traum auf meine Bedenken.

Jemand der Angst vor Geistern hatte, wollte in die Spukwohnung einziehen. Das beschäftigte mich sehr. In dem Traum ging es eigentlich um Wiedergeburt. Ganz genau erinnere ich mich allerdings nicht.

Mein (real verstorbener) Onkel lag in einem katholischen Krankenhaus. Ein Arzt schrieb mir immer wieder eine sms, die ich aber nicht las, weil ich nicht daran dachte auf das Handy zu schauen. Ich erfuhr also erst nachträglich was er geschrieben hatte. Die Nachrichten betrafen immer meinen Onkel. Er habe jetzt 30° C, er habe 50°, oder zum Schluss 90°, usw. Dann starb er. Der Arzt hatte erwartet, ich würde rechtzeitig zu meinem Onkel kommen, damit der nicht alleine hätte sterben müssen. Jetzt war es zu spät. Ich wollte aber noch hin, solange seine Seele noch nicht weg war. Also beeilte ich mich, was nicht einfach war, weil ich mich dort nicht auskannte. Endlich hatte ich es geschafft. Der Arzt war auf mich böse, weil ich so spät gekommen war. Nun versuchte ich meinem Onkel zu erklären, dass er wiedergeboren werden sollte. Das wollte er nicht. Er wollte lieber als Geist bleiben - in seiner Wohnung.

Eine junge Frau mit ihrem Freund, oder Mann kam. (Real kenne ich sie nicht.) Eine solche Frau könne er im nächsten Leben haben, erklärte ich dem Onkel. Zeitlich würde sich das nicht ausgehen, dachte ich. Sie könne seine Mutter werden, besserte ich mich aus. Unbedingt wollte ich ihn davon überzeugen, wiedergeboren zu werden. Dann legte ich mich auf ein Bett. Ich war unendlich müde. Plötzlich bemerkte ich, das Bett war blutig und schmierig. Es war das Bett, in dem mein Onkel gestorben war.

7.6.2017

Wie auf einer Landkarte sah ich Punkte, die den Standort von CIA Leuten markierten. Ich befand mich mitten in einem Gebiet, in welchem es von CIA Agenten anscheinend nur so wimmelte. Komisch war, dass ich mehr oder weniger gleichzeitig die Karte sehen konnte und ich doch auch körperlich anwesend war. Der Traum hatte keinerlei Handlung. Ich überlegte, ob und wie ich diesen Bereich verlassen könnte, weil das schon etwas bedrohlich wirkte, obwohl diese Leute anscheinend keine direkte Gefahr für mich darstellten.


3.6.2017

Es ging um einen Kunst-Wettbewerb, an dem ich mich beteiligen wollte. Zuerst sah ich mir aber an was andere machten. Jemand hatte ein riesiges Ei in Form eines Fotos gemacht. Irgendetwas störte mich daran und deshalb griff ich in dieses Werk ein. So entstand eine ganze Fotoreihe. Das erste Foto zeigte das Ei in Originalgröße, das zweite etwas größer und so ging es weiter, bis es so groß wie das Foto war. Man könnte sagen, als würde es wachsen. Die Fotos selbst waren immer gleich groß - also riesig.

"Es ging um Rollenspiele für Erwachsene. Eines dieser Spiele hatte mit der Hölle zu tun. Genau weiß ich nicht was da gespielt wurde. Jedenfalls gerieten die Spieler sozusagen in die reale Welt.
Es geschah etwas Schlimmes. Ich glaube jemand wurde getötet. Deshalb brach man das Spiel ab. Auf einem Zettel standen mehrere Sätze in italienischer Sprache. Das Geschriebene hatte direkt mit den Spielen zu tun.

Mir kamen diese Leute total blöd vor. Ich konnte nicht verstehen wieso erwachsene Menschen solche Rollenspiele spielten. Statt nun alle Spiele zu beenden, begann man gleich mit einem neuen. Es hatte mit Bergwerk zu tun. Warum genau es dabei ging, weiß ich auch nicht.

Auf der Straße begegneten mir einige Leute - darunter ein eher jüngerer Mann - die in ihr Spiel ganz versunken waren. Man hatte das Gefühl sie würden es als Realität erleben. So ein Blödsinn, dachte ich und ging weiter.


21.5.2017

"Ein Mafiaboss und sein Helfer. Irgendwie kamen wir in ihre Nähe. (Genau erinnere ich mich nicht mehr, weil ich keine Zeit hatte den Traum gleich zu notieren.) Z. und Y.

waren mit mir unterwegs. Wir wollten Essen gehen. Ich schlug vor in ein mexikanisches Restaurant zu gehen. Z. fragte wie es heißt. Ich wusste nur noch, dass es irgendwie mit "El" hieß. Auch die Adresse hatte ich vergessen. Z. wollte dort nicht hingehen.

(Anmerkung: Tatsächlich wollte ich mit Y. Essen gehen und hatte deshalb am Abend im Internet nach Restaurants gesucht. Ich hatte eines mit mexikanischer Küche gefunden. Es hieß irgendwas mit "El". Da knüpfte der Traum offenbar an. Heute trafen wir uns und Z. wollte dort nicht hingehen. Eine zweite Übereinstimmung war, dass M. heute am Vormittag den Fernseher einschaltete und bei einer Monk Episode hängen blieb. Da war von möglichen Mafia Verstrickungen die Rede.)

Mit dem Helfer des Mafiabosses unterhielt ich mich über Remote Viewing. Ich könne es nicht so gut, meinte ich, aber die richtigen Remote Viewer würden es ganz gut können. Er glaubte daran nicht. Der Mann nahm einen Schuh vom Boden, hielt ihn mir entgegen und schrie: "Und ... wissen die wem diese Schuhe gehörten ... und wer ihn umgebracht hat?" Kurz dachte ich daran mich auf den Schuh zu konzentrieren. Ich wollte wissen, ob ich so eine Verbindung zu dem Opfer herstellen könne. Aber weil er weiter sprach, konnte ich mich nicht konzentrieren. Mich wunderte, dass er die Schuhe überhaupt auf hob.

Während ich mich mit dieser Frage beschäftigte, begann die Freundin des Mafiabosses plötzlich zu singen. Sehr schön klang das nicht. Trotzdem stellte ich mich vor sie hin, beugte mich zu ihr und meinte, sie singe aufregend schön. In diesem Moment fühlte ich mich fremd, also nicht als die Person mit der ich mich identifizierte. Geschmeichelt lächelte sie, doch ihr Freund war ungehalten. Er wollte mit "normalen" Leuten nichts zu tun haben und drängte auf Aufbruch. Noch mehr, als auch noch andere Leute sich an unserem Gespräch beteiligten und ihn sogar persönlich ansprachen. Gemeinsam mit seinem Helfer und der Freundin verließ er den Ort. Weit kamen sie nicht. Überall war auf einmal Polizei. Beide Männer wurden verhaftet. Wegen des Mordes an dem Mann, dem der Schuh gehört hatte. Offenbar hatte die Polizei unser Gespräch mit angehört. Es war Beweis genug.

---------------------------------------------

*Traumerfüllung: Der Traum hat sich natürlich nicht genauso erfüllt wie ich geträumt hatte. Aber es gab in den Zeitungen eine Meldung, die doch in Richtung meines Traums deutet.*
*"Wenige Hundert Meter vom Justizpalast der sizilianischen Hauptstadt Palermo entfernt ist der prominente Mafiaboss Giuseppe*

*Dainotti am Montag am helllichten Tag auf offener Straße ermordet worden. Die beiden Täter, die der Cosa Nostra zugeordnet werden, sollen von einem Motorrad aus auf das Opfer geschossen haben, das auf einem E- Bike unterwegs war."*

http://www.krone.at/welt/mafiaboss-in-palermo-auf-e-bike-erschossen-glich-hinrichtung-story-570597

*Im Traum ging es ja um einen Ermordeten und um einen Mafiaboss. Ich dabei an Italien.*
-----------------------------------------------

25.4.2017

Es war Silvester und der Hund spielte fröhlich draußen auf der Straße. Real und im Traum fürchtet er sich extrem vor dem Lärm, den die Menschen veranstalten. Da wird er unruhig und will sich verstecken. Aber diesmal war alles gespenstisch ruhig. Kein Knallen war zu hören. Die Leute blieben in ihren Häusern und verhielten sich ruhig. Das wunderte mich sehr. Das Wetter war schrecklich. Schon wieder hatte es geschneit. Wir waren weggefahren. Sicher mit dem Auto, das ich real habe. Unsere Lebensumstände waren nicht wie die realen.

Ein oder zwei Buben waren mit. Plötzlich tauchte auch W. R. auf. Wir hatten nur wenig Platz, deshalb lag er später bei einem der Buben im Bett. Das irritierte mich zwar, er schien ihn aber zumindest nicht zu belästigen. Auch eine Frau tauchte auf. Ob es seine reale Frau war blieb unklar. Im Traum hatten sie keine Beziehung zueinander. Als wir schließlich nach Hause fuhren, wollten beide mit uns mitkommen.

W.R. war kurz hinaus gegangen um zu telefonieren. Er sprach Englisch. Als er wieder herein kam meinte er, keine Fahrgelegenheit zu haben. Wir hatten jedoch keinen Platz im Auto und schon gar nicht für seine Frau. Es schienen dann reine Überlegungen bezüglich der Platzfrage zu folgen. Der Hund war auch mit. Endlich fuhren wir weg. Vermutlich ohne die Beiden. Ich ging mit jemandem zu einem Wohnhaus. Diese Person meinte. X (Name vergessen) würde mir vielleicht begegnen. Das wäre anscheinend schlecht gewesen. Ich sagte X sei jetzt sicher nicht zu Hause. Als wir durch den Flur gingen, sahen wir einen dunkelhäutigen Mann. Er sagte: "Der da ging eines Tages zur Arbeit und kam gleich wieder zurück. Seither ist er geblieben." Ich antwortete: "Vielleicht wurde er gekündigt!" Der Mann sprach mich nun direkt an: "Hast du einen Beruf gelernt?" Ich sagte: "Ja!" Da zeigte er mir zwei kleine Bücher, auf denen jeweils ein Gesicht zu sehen war. Ich: "Was bedeutet das? Du musst es vorlesen, ich habe keine Brille!" Da begann er zu lesen. "Das habe ich nicht geschrieben!", meinte ich.

------------------------------------------------

Erfüllung:
Silvester 2017 wurden Feuerwerke in Graz, aber auch in einer chinesischen Stadt verboten.
  https://www.kleinezeitung.at/steiermark/graz/5340877/In-der-Innenstadt_Graz-sagt-das-SilvesterFeuerwerk-komplett-ab
am 3.12.2017 stand in der Kronen Zeitung auf der Seite 8 folgende Meldung:

*Feuerwerks-Verbot*
*Aus Sicherheitsgründen und wegen Dauersmog sind in Chinas Hauptstadt Peking Feuerwerke künftig verboten.*

*Offenbar vermischte der Traum zwei Elemente miteinander. Die Feuerwerke, welche so viel Feinstaub an einem Tag erzeugen, wie der Autoverkehr im ganzen Jahr (also die Umweltverschmutzung), mit der Reaktion des Hundes auf diese Knallerei. Es handelt sich also um eine logische Überlegung, wie es wäre, falls dieses Verbot bei uns kommen würde. Das zeigt auch, dass Träume sehr oft Beziehungen zum Träumenden herstellen, indem sie Gedanken zu einem Thema aufgreifen, welche den Träumenden*

139

*beschäftigt. Die paranormale Wahrnehmung im Traum ist offensichtlich sehr oft selektiv.*

------------------------------------------------

12.4.2017

Ständig tauchten kleine, schwarze Tiere auf. Vielleicht waren es Spinnen, oder Skorpione. Obwohl wir uns auf der Straße befanden, dürften sie unter Tüchern versteckt gewesen sein. Ein Mann sagte: "Adlib (oder Adlip, oder Atlib)!" Was immer das bedeuten sollte - er wusste die deutsche Bezeichnung nicht.

Ich lief in der Gegend herum und suchte meinen Hund. Immer wieder rief ich laut nach ihm. Plötzlich fiel mir auf, dass ich den falschen Namen rief. Leider habe ich diesen Namen vergessen. Da korrigierte ich mich und rief seinen richtigen Namen. Doch kurze Zeit später rief ich wieder den falschen Namen. Mich wunderte mein Verhalten, weil mir dieser Name eigentlich gänzlich unbekannt war. (Ich träumte also vermutlich nicht von meinem realen Hund, sondern von einem mir zumindest derzeit unbekannten.) M. sagte etwas in Bezug auf den Hund und grinste dabei höhnisch. Das ärgerte mich maßlos. "L. m. i. A.!", sagte ich wütend zu ihm. Dann ging ich weg. Er wunderte sich nun über mich, war jedoch nicht böse, sondern einfach nur perplex.

*Traumerfüllung: 1.7.2017 Eine Frau und ihre Tochter rannten durch den Wald und riefen verzweifelt nach ihrem Hund.*

*Traumerfüllung: Kronen Zeitung Seite 10 vom 13.4.2017*
*Eine Amerikanerin fand in einer Packung Salat einen Skorpion.*

10.4.2017

S. erzählte mir, sie würde mit einer ganzen Gruppe Leute essen gehen. Wir sollten dort auch hin kommen und mitessen, aber nur "inoffiziell".

9.4.2017

*In letzter Zeit wurden vermehrt Hunde ausgesetzt. Man ließ sie jedoch nicht einfach laufen, sondern gab ihnen Zettel dazu, auf denen jeweils der Name stand. Sogar was der Hund benötigte war vermerkt.* Ich fand einen solchen Hund bei der U-Bahn und nahm ihn mit. Behalten konnte ich ihn nicht. Deshalb wollte ich ihn zum Tierschutzhaus bringen.

*Traumerfüllung: 9. Juli 2017 Kronen Zeitung*

141

Seite 10 "Welpe wurde am Flughafen
ausgesetzt - mit einem handgeschriebenen
Brief seiner Besitzerin. In dem Brief
erzählt sie ihre Geschichte und warum sie
den Hund ausgesetzt hat. Auch sein Name
steht dabei: Chewy. Es gibt noch ein
ähnliches Vorkommnis, aber mit Katzen. In
der Kronen Zeitung stand am 28.7.2017
folgender Artikel
http://www.krone.at/tierecke/zwei-
katzenherren-auf-wtv-parkplatz-ausgesetzt-
mit-notizzettel-story-580781

Am Mittwochnachmittag wurden zwei junge
Katzenherren dreist auf dem Parkplatz des
Wiener Tierschutzvereins (WTV) in Vösendorf
ausgesetzt. Die Tiere wurden in Transporten
zwischen parkenden Autos abgestellt. ...
Als die Tiere daraufhin genauer in
Augenschein genommen wurden, wurden in den
Boxen Notizzettel entdeckt. Darauf waren
die wichtigsten Daten zu den beiden Katern
vermerkt.

In beiden Fällen gab es beigelegte
schriftliche Informationen zu den Tieren.
-------------------------------------------------


7.4.2017

Ein chinesischer Bub machte viel für mich.
Ich erinnere mich nicht mehr genau was das
war. Dann wollte er etwas von mir, auf das

142

ich eingo. Deshalb verschwanden verschiedene Bilder von den Wänden. Später lag er bei mir im Bett und wetzte dauernd herum. Seine Windel war voll. Ich stand auf, um eine frische Windel zu holen. "Bleib ruhig liegen, sonst verteilst du die ganze Scheiße im Bett! Du bist so gescheit, aber dass du angeschissen bist kannst du nicht sagen?", sagte ich zu ihm.

6.4.2017

Zwecks Operation sollte ich ins Krankenhaus. Leider vergaß ich wann genau ich kommen sollte: um 22.45, oder um 22.30 Uhr. Das wäre ja kein so großer Unterschied, aber im Traum schien er mir enorm groß zu sein. Es folgten diverse Überlegungen.

3.4.2017

Irgendwie kam ich in ein großes Gebäude. In einem riesigen Raum unterhielten sich zwei Personen. Sie ignorierten mich. Ich wollte aber unbedingt mit der Frau die dort zuständig war reden. Mir fiel nichts besseres ein als zu sagen: "Wir stellen Kunst her. Darf ich kommen und ihnen etwas zeigen?" Sie schien nicht abgeneigt. Dann zeigte sie mir kleine Bilder. Etwas in diesem Stil wollte sie. Genau konnte ich

143

die Bilder nicht erkennen, weil sie sich
dann gleich demonstrativ davor stellte.
Trotzdem gelang es mir einen Blick auf ein
Bild zu werfen. Zu sehen war ein Foto von
Hitler und von einem anderen Nazi.
Die Figuren wirkten starr und wie ein
Ornament. Seltsame Zeichen gab es. Es war
jugendstilartig. In dem Raum bemerkte ich
englische Fahnen. Alles schien Englisch zu
sein, sogar die Menschen. Die Bilder
sollten national wirken. Ich meinte:
"Englisch?" Sie lachten, weil ich es
erraten hatte. Was nicht schwer zu erraten
gewesen war.


29.3.2017

Gemeinsam mit meiner Mutter (verstorben)
machte ich eine Gruppenreise. Wir bekamen
gutes Essen, mussten jedoch unendlich lange
warten bis es serviert wurde. Nie kam ich
mit meiner Mutter direkt zusammen.
Irgendwie waren wir ständig getrennt. Bei
einer zweiten Reise in dieselbe Gegend ging
es uns ebenso. Immer nur warten, warten,
warten. Sie saß bei irgendwelchen Leuten.
Dann wiederum sah ich sie ganz alleine
irgendwo sitzen. Schon wollte ich mich zu
ihr setzen, da waren plötzlich wieder Leute
bei ihr. Ich hatte aber das Gefühl, sie
habe sich innerlich zurück gezogen. Mir war
nicht klar wohin ich mich nun setzen
sollte. Eine Gruppe war extrem laut und

144

lustig. Sie erzählten Witze, ähnlich wie die Leute auf Puls 4. Zu denen wollte ich nicht. Lieber schloss ich mich einer kleinen Gruppe Menschen mittleren Alters an. Sie wirkten ruhig und seriös. Es waren zwei Ehepaare. Plötzlich saßen wir in einem PKW und fuhren herum. Zeitweise kam ein kleines Mädchen zu ihnen, was real nicht möglich wäre weil die Gruppe ja mit dem Auto unterwegs war. Vielleicht wechselten die Personen auch immer wieder. Es war kühl und windig.

Wir saßen eine Weile draußen. Dann bemerkte ich plötzlich eine Zielscheibe für Bogenschützen. Mit Pfeil und Bogen schießen hätte ich gut gekonnt (was real nicht der Fall ist), aber ich fand keine Gelegenheit dazu. Wir setzten uns wieder ins Auto, weil uns kalt war. Als ich gerade zum Auto gehen wollte, packte mich einer der Männer von hinten und massierte meine Schultern. "Nein!", sagte ich mehrmals. Solange bis er damit aufhörte. Seine Frau sagte etwas (leider vergessen). An ihren Worten erkannte ich, dass sie zu meinen Feinden gehörte. Offenbar hatte sie uns fotografiert. Sie hätte das Foto vielleicht gegen mich verwenden können.

Endlich wurde das Essen serviert. Es war verpackt. Zugestellt wurde es mit Motorrädern.

145

20.3.2017

In unserer (wie real aussehenden) Gegend)
begegnete ich einer Katze. Ich streichelte
sie. Das gefiel ihr. Etwas später fand ich
eine Schildkröte, weil mich die Katze auf
diese aufmerksam machte. Die Schildkröte
nahm ich mit, weil sie zwar den Sommer,
aber nicht den Winter überleben würde. Als
ich mit ihr nach Hause kam sah ich die
Katze wieder, welche ich auch wieder
streichelte. Es folgten Überlegungen wie
ich das Tier durch den Winter bringen
könne. S. und Y. waren gerade da. Ich bat
sie darum einen kleinen Zaun für ein Gehege
aufzustellen.


17.3.2017

Gemeinsam mit meinem Hund und mit einem
jungen Mann war ich unterwegs. Wir fanden
einige sehr arme Menschen. Sie taten uns
Leid. Vielleicht waren es Flüchtlinge, oder
andere Leute die aus einem fernen Land
kamen. Auf unserem Spaziergang gingen wir
durch das Krankenhaus Hietzing. Als wir das
Areal verließen, kamen wir in eine Gegend
in welcher nur Ausländer lebten. Obwohl es
nicht gesagt wurde wusste ich, es waren nur
Türken dort. Jugendliche mit schwarzen
Hunden wollten uns provozieren und
vermutlich auch angreifen. Ich beschimpfte
sie als Proleten. Sie sahen einander

vielsagend an und ließen sich von meinen Worten einschüchtern.

Wir machten uns auf den Rückweg. Wieder gingen wir durch das Krankenhaus, weil die Angreifer nicht dort hinein kommen konnten. Sie erwarteten uns dafür draußen. Wieder kamen wir bei den armen Menschen vorbei. Etwas war passiert. (Ich habe vergessen was das war.) *Es gab einen riesigen, hängenden Schild, in welchem zahlreiche Speere staken.* Kurz dachte ich daran einen dieser Speere zu nehmen, um ihn den Angreifern entgegen zu schleudern. Das machte ich aber dann doch nicht.

------------------------------------------------
Erfüllung:27. Juni 2017
*Obwohl die Grabung noch nicht weit fortgeschritten ist, sind bereits ein Schwert und Schild, sowie ein bis zwei Speere gefunden worden. "Das könnte ein Hinweis darauf sein, dass hier ein Reicher bestattet wurde, oder aber dass es eine Sitte im Eyjafjörður war, die Leute mit so einem großen Grabhügel zu bestatten,"* vermutet Hildur.

http://icelandreview.com/de/news/2017/06/27/ausgrabung-dysnes-foerdert-weiteres-zutage?language=de
------------------------------------------------

16.3.2017

Es war finster und ich befand mich im Garten. Dort waren sehr viele kleine Tiere. Im Garten der Nachbarin waren gefährliche Leute, welche ich jedoch nicht sehen konnte. Ich versteckte mich und so konnten sie mich auch nicht sehen. Zeitweise war ich extrem müde. So müde, dass ich meine Augen nur mit Hilfe der Hände öffnen konnte. Doch sobald ich sie mit den Fingern aufgespreizt hatte, war ich hellwach.

Eine fremde Frau war in unserem Garten. Sie war ungefährlich. Als ich sie bemerkte, starrte sie mich längere Zeit über an.

15.3.2017

Der Name Max Weeler, oder Wheeler tauchte kurz auf.

Mein Hund benahm sich plötzlich komisch und wurde bewusstlos. Ich wusste nicht was ich tun sollte. Ich fürchtete er könne bleibende Gehirnschäden davongetragen haben.
Ein Mann sprach mit mir auf Englisch, weil ich "The Opera" gesagt hatte. Diesen Song wollte er singen und dafür wurde gerade alles vorbereitet. Er freute sich, weil ich seinen Song kannte. Ich verstand zwar kein

Wort, tat aber so als ob. Er merkte es
nicht. Das Lied ging mir im Kopf herum.
Dann nahm der Traum das Thema des
bewusstlosen Hundes wieder auf.
Es sah anders als real bei uns aus,
zeitweise aber doch fast wie real.
Überrascht bemerkte ich viel Federvieh. Es
waren zum Teil total fremdartige Vögel. Ich
glaube auch Pelikane waren darunter. Sie
flatterten im Garten, aber auch auf der
Straße herum. Die Straße die ich sah war
die Auffahrt zur Friedenszeile. Einmal kam
ein Fahrzeug angerast. Wir hatten Angst es
würde ein Tier überfahren, welches nah am
Straßenrand saß. Zum Glück blieb es sitzen.
Als ich Nachschau hielt bemerkte ich wie
niedrig die Zäune dort waren. An der Seite
war eine kleine Böschung, da konnten sie
überhaupt hinaus spazieren. Das erklärte
ich den Besitzern.

Zu meiner Nachbarin sagte ich: "Sie haben
so viele Hühner und Truthähne?" "Ja!",
sagte sie. Zuerst war ich in meinem Garten,
dann in ihrem. "Wir sollten eine Türe
machen!", sagte ich und sie antwortete:
"Ja, das wäre gut:" M. schien diese Idee
nicht zu gefallen. Da sah ich wie die Türe
eingefügt wurde.

Danach war ich vermutlich in Schönbrunn.
Wieder viele Vögel, diesmal auch Krähen.
Eine Frau fuhr mit einem Fahrzeug, ihre
Hunde liefen hinterher. Mein Hund war auch

149

da, doch dann war er plötzlich verschwunden. Ich fand ihn nicht.

Irgendwelche Leute kamen und beschwerten sich über seltsame Geräusche. Ich meinte das seien Störungen im Radio. Sie würden immer gleichzeitig zu bestimmten Zeiten auftreten, sagten die Leute. Da dachte ich an mein Experiment und hörte deshalb die Radiotöne auch.

Eine Frau unterhielt sich mit mir und drängte mich, endlich auf die Medikamente zu verzichten. Ich sagte das würde nicht gehen, ich hätte es schon probiert. Sie ließ nicht locker, so lange bis ich ihr versprach, ich würde es nochmals versuchen.


13.3.2017

Wir waren in einem winzigen Hallenbad. Angeblich gab es noch einen anderen Teil, aber der war noch winziger. Man hatte einen Bus umgebaut. Das war nun das Bad. Zufällig fand ich dann einen See der auch dazu gehörte. Einige Leute sah ich schwimmen, aber auch viele kleine grüne Stückchen trieben im Wasser. Auch ich ging dort baden und zwar in der Nähe des Ufers. Die Augen hatte ich zu. Als ich sie öffnete bemerkte ich lauter Abfall um mich herum. Da ging ich schnell aus dem Wasser und suchte eine Dusche, um mich zu reinigen.

Mindestens zwei Begleiterinnen hatte ich plötzlich. Eine Frau bot Duschen an. Man musste dafür bezahlen, aber das war mir egal. Hauptsache ich konnte duschen. Vielleicht - fürchtete ich - hatte ich mir irgendwelche gefährlichen Keime geholt. Die wollte ich unbedingt los werden.

Der Freund von xx starb plötzlich. Wir kamen fast alle zusammen. Als ich fragte wieso x nicht da sei, sagte S.: "Sie kommt nicht. Es ist aber so, als wäre sie unter uns!" Das verstand ich nicht. "Ihr Freund ist gestorben!", meinte sie. Ich war perplex. War das Zufall, oder hatten meine Feinde sie ermordet? Weil x. offenbar nicht kommen wollte, schrieb ich eine Beileid SMS. S. meinte ich solle etwas anderes schreiben, aber ich blieb dabei. Dazu schrieb ich: "Wenn du Hilfe brauchst, melde dich. Ich bin immer für dich da!"

Seit langer Zeit war die Polizei hinter einem Mann her, der entweder Tierschützer, oder Umweltschützer war. Es war nicht klar, ob es die österr. oder die amerikanische Polizei war.

Weil sie ihr Ziel nicht erreichten, benützten sie mich ohne mein Wissen, um den Mann aufzuspüren, oder um ihn in eine Falle zu locken. Es war mir nicht möglich, ihre hinterhältige Taktik zu durchschauen. Die schien sogar von Erfolg gekrönt zu sein, denn sie kamen ihm immer näher. Meine Psi-Kräfte wurden von ihnen missbraucht. Das ging so lange bis es für diesen Mann sehr gefährlich wurde. Doch genau da begriff ich was sie taten. Ich wehrte mich und versuchte den Mann zu retten, denn ich war auf seiner Seite und nicht auf der ihren. Was er tat war wichtig für die ganze Menschheit.


5.3.2017

Draußen waren fremde Leute. Mit ihrem Läuten weckten sie mich. Ich ging hinaus und sagte: "Kommt herein!" Erfreut war ich nicht, denn ich war extrem müde. Sie kamen in die Wohnung und wir plauderten. Unter ihnen befand sich eine Frau, die ich als die Schauspielerin erkannte, welche die Krankenschwester von Monk in der gleichnamigen Serie spielt. Diese Serie wurde nicht mehr weiter produziert.

Die Schauspielerin sollte ab nun die Hauptrolle in einer neuen Serie spielen. Plötzlich ging es um Vögel. Wir hatten von irgendwoher viele kleine Vögel zu Hause, die ich zurück bringen wollte. Ich setzte sie in eine große Schüssel und ging los um sie später wieder auszusetzen. Eigentlich waren es wilde Vögel. Welche genau es waren konnte ich nicht erkennen. Sie waren alle schwarz. Leider hatte ich vergessen wo wir sie früher aufgelesen hatten. Daher konnte ich sie nicht wieder an diese Stelle zurück bringen.

Nun überlegte ich welcher Platz sicher genug sei, damit Raubtiere und Katzen sie nicht töten können. Gerade als ich im Traum die P. Straße hinunter ging, wachte ich auf.

1.3.2017

Irgendwo waren wir gewesen. Mein Hund verschwand und ich suchte aufgeregt nach ihm.

Ein angeleinter Hund tauchte auf, der ganz alleine war. Es wirkte fast so als habe jemand den Hund ausgetauscht. Als ich herum fragte erfuhr ich, wem der Hund gehörte. Ich machte mich auf die Suche nach der Besitzerin, die ich schon bald finden konnte. Mein Hund blieb verschwunden. Erst später erfuhr ich, dass M ihn ins Tierschutzhaus gebracht hatte. Ich ging zwar zum Tierschutzhaus, aber ob ich den Hund wieder bekam blieb unklar. Über M. regte ich mich furchtbar auf, schrie ihn an und sagte: "Ich hasse dich!" Worauf er antwortete: "Ich hasse dich auch, auf eine seltsame Weise!" Da wurde ich plötzlich total ruhig und meinte: "Lassen wir uns scheiden. Verschwinde aus meinem Leben!" Er

153

war einverstanden. Nun wich der Hass von
uns und wir konnten ruhig und unbeschwert
miteinander reden.

------------------------------------------------

*Offensichtlich betrifft der Traum fremde
Menschen. Darauf weist der Umstand hin,
dass es sich um einen fremden Hund
handelte. In diesem Fall ist die
Übereinstimmung jedoch fraglich, weil der
Hund einem Mann gehörte: "Das Tierheim
Altmünster (OÖ) beherbergt seit Sonntag
einen kleinen, weißen Rüden, der mit seinem
Herrl eine Go-go-Bar in Gmunden besucht
hatte. Von dort hatte ihn ein betrunkener
Gast gestohlen und als Fundhund an die
Tierschützer abgegeben." 11.6.2018
https://www.krone.at/1721531*

------------------------------------------------


27.2.2017

Wir waren unterwegs. Wer bei mir war weiß
ich nicht mehr. Unterwegs trafen wir auf
ein Paar. Die Frau wollte etwas wissen, was
angeblich in meinem Fotoapparat zu finden
war. Aber eigentlich war es im Internet.
Weil ich mich nicht auskannte ließ ich sie
das machen. Danach gab sie mir den Apparat
zurück und wir stiegen ins Auto. Als ich
die Schutzhülle öffnete, fiel ich aus allen
Wolken. Sie hatte den Apparat gegen einen
billigeren ausgetauscht. Es war ein

Olympus. Dann sah ich eine Tasche die ihr gehörte. Darin befanden sich Mullbinden und alles mögliche unbrauchbare Zeug. Daran erkannte man, dass sie einen Hund und ein Baby hatte. Ein Zettel war drinnen. Auf diesem stand: "Für S. Er gehört mir und er ist aus dem Laptop gefallen, als ich diesen nahm." Dabei war er vorher gar nicht erwähnt worden. Ich dachte nach ob ich sie anzeigen solle.

25.2.2017

Wir sollten eine Wohnung bekommen. Ich stand da und sah in Richtung dieser Wohnung. Obwohl ich weit weg war, konnte ich sie deutlich sehen. Also befand sich davor kein Hindernis. Vom Fenster aus würde man direkt die Sonne sehen, meinte ich. Also war sie südseitig. Da wäre die Wohnung sicher wieder ziemlich heiß, dachte ich.

21.2.2017

Wir hatten irgendeinen Antrag gestellt. Nun würden wir eine Stunde warten müssen, wurde uns gesagt. Ich solle meine Adresse sagen, bzw. aufschreiben, falls ich in einer Stunde nicht da sei. Das tat ich nicht, weil ich in einer Stunde wieder da sein würde. Trotzdem solle ich die Adresse zur Sicherheit aufschreiben, meinte die

Beamtin. Tat ich aber trotzdem nicht. Offenbar stand sie sowieso auf dem Formular. Ich ging schließlich gar nicht erst weg, sondern wartete an Ort und Stelle. Nach einiger Zeit bemerkten wir, die Beamtin hatte vergessen etwas ganz Wichtiges mit hinein zu nehmen. Sie konnte eigentlich die Anträge deshalb gar nicht bearbeiten. "Machen sie zuerst die Anträge von diesen Leuten und die von uns fertig!", sagte ich.

Eine kleine Gruppe saß an einem Tisch und wartete auch. Es war nur noch wenig Zeit bis die Stunde um war. Alles war kompliziert. Die Sachen klebten, wir konnten nicht feststellen welche Papiere uns gehörten. Würfel die dazu gehörten lagen ganz unten. Es gab offenbar vier Würfel. Ein Unwetter kündigte sich auch noch dazu an. Deshalb mussten wir alles hinein tragen. Anscheinend waren wir zuvor draußen gewesen. Zwischendurch tauchte immer wieder ein junger Mann auf, der uns wahrscheinlich helfen wollte. Er lachte immer. Gleich darauf verschwand er wieder.

Je näher wir dem Zeitpunkt rückten an dem geschlossen werden sollte, desto hysterischer kramten wir in den Sachen die zum Antrag gehörten. Zum Teil hatten wir jetzt symbolische Figuren, oder dekorative Formen in den Händen. Sie waren farbig. Auf ihnen fanden sich keinerlei Hinweise, an

denen wir erkennen konnten wem sie
gehörten. Das wäre aber wichtig gewesen.
Schließlich gab es auch noch eine
Kontrolle. Jetzt versuchten wir der Beamtin
zu helfen, weil sie ihre Arbeit hätte
verlieren können.


19.2.2017

Ich war an einem öffentlichen Ort und
gleichzeitig im Internet. Da saß ich an
einem Tisch und schrieb. Vielleicht war es
ein Hörsaal. Offenbar schrieb ich an die
Leute, die gerade neben mir saßen. Im
Internet sah ich auffällige Bilder. Aus
diesem Grund befürchtete ich, die Leute
würden daran erkennen, dass ich ihnen
schrieb. Sie konnten theoretisch von der
Seite her auf meinen Bildschirm blicken.

Ich wollte nicht, dass sie mich als real
anwesend erkannten. Meine Einträge im
Internet hatten mit Psi zu tun. Um nicht
durchschaut zu werden, änderte ich meinen
Sitzplatz. Weit hinten setzte ich mich hin.
Mehrmals wechselte ich den Platz, weil ich
keine Nachbarn haben wollte. Das war
anscheinend schwer zu erreichen. Jemand
sagte etwas über den KURIER. Er würde
trotzdem einfach nicht antworten. Ich
vermutete, damit waren die Inserate
gemeint.

18.2.2017

In einem Supermarkt wurden lebende Tiere ausgestellt. Man wollte sie töten und essen. Als ich das sah rastete ich aus und wütete in dem Laden. Entsetzte Gesichter. Schließlich meinte jemand das sei doch grausamer, als die Tiere zu töten, um sie erst danach auszustellen.

----------------------------------------------
Mögliche Traumerfüllung:
11.12.2017 "In der Kölner Innenstadt konnten Passanten lebende Tiere kaufen, die dann vor ihren Augen geschlachtet wurden." In diesem Fall handelt es sich zwar nicht um einen Supermarkt, aber die Kernaussage ist dieselbe.

https://www.focus.de/regional/koeln/koeln-radikales-experiment-schockt-passanten-in-koeln_id_7965504.html
----------------------------------------------


10.2.2017

Ich hatte noch ein Haus mit meiner Mutter gemeinsam. Jetzt geht das wieder los, dachte ich, denn ich merkte sie baute geistig ab. Deshalb wollte ich noch schnell zum Notar, um das Haus zu retten. Sie war auch bereit es mir zu überschreibe. Nur musste das sehr schnell gehen. Niemand durfte merken, dass sie schon dement war. Sonst hätte sich die Notarin geweigert. Ein Mann war für die Beurteilung meiner Mutter zuständig. Zum Glück hatte jemand abgesagt, deshalb konnten wir schon bald zum Notar gehen. Das Datum wurde mir schon gesagt, aber vorher mussten wir noch zur Beurteilung. Der Mann war schon weg. Zum Glück konnte ihn jemand vertreten. Ich wollte schon zu ihm auf die Simmeringer Hauptstraße fahren. Plötzlich kam jemand anderer und brachte mir sehr viel, sehr schweres Gold.

9.2.2017

Ein Bär kam in verbautes Gebiet. Die Leute hatten Angst. Er sei harmlos, sagte ich. Sogar in ein Geschäft nahm ich ihn mit. Während ich ihm gerade ein großes Sandvich kaufte, wollte er ein Auto zerstören. M. hatte einen kleinen Fiat gefunden, den er für mich herrichten lassen wollte. Das Auto hatte eine sehr ungewöhnliche Farbe. Wahrscheinlich war es orange.

--------------------------------------------------

*Erfüllung:2.8.2017*
*https://autorevue.at/kurioses/baer-honda-element.*

*Ein Bär in der ländlichen Gemeinde Crested Butte in Colorado, schaffte es sich selbst*

in einem Honda Element einzusperren. *Das
schien das Raubtier ziemlich wütend zu
machen.*

------------------------------------------------

8.2.2017

Felsiges Gelände, ein Gebäude, vielleicht
eine Burg. Ein Mann und zwei Buben.
Vielleicht hielt ich mich für einen der
Buben. Alle anderen Menschen waren vor
einer Flut geflohen. Vielleicht waren sie
sogar tot. Zuerst legte sich der Mann hin,
als warte er auf den Tod. Doch dann schien
es, als habe er nur einen Abfluss geöffnet,
um das Wasser abzuleiten. Ich sah plötzlich
das Geschehen aus seiner Perspektive,
jedoch ohne mit ihm identisch zu sein. Es
öffnete sich der Zugang zu einem
steinernen, nach oben hin offenen Gang.
Heraus kamen aber die Buben und nicht das
Wasser. Sie saßen auf einem kleinen
Fahrzeug. Es sah aus wie ein offenes Auto.

4.2.2017

Eine Gruppe Männer hatte es sich zur
Aufgabe gemacht mir zu schaden. Sie waren
gut aufgelegt und lachten ständig laut.
Dann ketteten sie mein Auto an und
verleumdeten mich. Schließlich zeigten sie
mich noch dazu bei der Polizei an.

Allerdings hatten sie ein Problem, denn sie dachten ich sei die Frau von Dr. Ho. (Arzt von R.) R. (verstorben) kam in diesem Traum auch vor. Er wollte mich zum Essen einladen. Ich nahm seine Einladung an. Dr. Ho. mischte sich in die Sache ein, weil er ja auch davon betroffen war. Aber er verstand nicht worum es ging. Ich wartete auf die Anzeige die nicht kommen konnte, weil sie an die falsche Person ging. Eben an die Frau des Dr. Ho. Ich glaube im Traum war sie bereits verstorben.

Zwischendurch telefonierte der Doktor mit jemandem und sprach dabei von "unsere Kleine". Worum es ging konnte ich nicht verstehen. Irgendwann würden die Kerle auffliegen, wusste ich, weil sie diesen groben Fehler begangen hatten. Für die Polizei war es offensichtlich, dass es sich um eine Verleumdung handelte. Das würde diese Männer teuer zu stehen kommen. Spontaner Einfall: Sarah 47 - 53. Ich hatte keine Ahnung was das bedeuten sollte.

3.2.2017

Der Traum hatte etwas mit Computern zu tun. Ich mühte mich ab, aber der Computer reagierte anders als gewohnt. Jemand sagte: "Dieser Befehl kommt immer im Saarland!"

31.1.2017

Ich kam zu Di. Es war ein fast leerer Raum, in welchem sich außer ihr fast nur Männer befanden. Alle waren entweder älter bis alt und total versoffen, oder gestört. Ein Mann hatte eine Katze, an der er ein Brett befestigt hatte. Die Katze trug Sonnenbrillengläser ohne Gestell. Ich fühlte mich unter diesen Leuten nicht wohl.

Im Traumverlauf veränderte sich der Ort und alle waren plötzlich bei uns. Diese Typen brauche sie nicht mehr bringen, meinte ich. Mehrere Gärten nebeneinander. Sie waren sehr schmal, die Erde nackt, hohe Maschendrahtzäune. Lauter junge Bäume in Reih und Glied.

19.1.2017

Anscheinend arbeitete ich in der Krankenpflege. Das wollte ich nicht mehr machen, weil es schlecht bezahlt wurde. Deshalb hatte ich mich irgendwo vorgestellt. Ich glaube in einer Buchhandlung. Darüber redete ich mit den Leuten. Ob wir nicht Tee machen könnten, fragte ich. Ein Mann sagte im Sommer könnten wir draußen sitzen. Wir redeten auch über die Pausen, die es hier nicht gab. Dazu hätten wir keine Zeit, denn wir müssten uns immer um die Patienten kümmern.

Das gefiel mir nicht. Davon würde das Personal auch krank werden. Zuerst hatte ich daran gedacht nur nebenbei zu arbeiten, aber jetzt wollte ich kündigen. Mir fiel ein, ich sollte zu einer bestimmten Zeit am neuen Arbeitsplatz sein. Aber ich hatte vergessen wann und wo das war. Es war schwierig den Ort zu verlassen.

Ein großes Gebäude, welches sich offenbar bewegte. Deshalb gingen dann die Türen nicht immer auf. Ein Mann mit Kinderwagen wollte auch hinaus. Endlich fand ich doch einen Ausgang, den auch dieser Mann nutzte. Irgendwie war ich in ein Geschäft gekommen. Es sah innen interessant aus. Die Wände waren Weiß und Rot, oder Pink. Eine Frau war zwar Kundin, passte aber trotzdem farblich perfekt in den Raum. Doch dann änderte sich das, weil sich die Farbe der Wand ins Rötliche änderte. Ich hatte sie schon fragen wollen, ob sie sich nur farblich passend ins Geschäft traue. Danach ging ich auf die Straße. Zumindest teilweise war ich in Hietzing. Ich musste mich sehr auf die Straße konzentrieren, obwohl ich zu Fuß ging. Ständig grübelte ich darüber was und wo ich arbeiten solle. Schließlich dachte ich, Google solle meinen Lohn zahlen.

18.1.2017

R. und ich hatten gemeinsam Lotto gespielt, aber mit zwei Scheinen. Seine Zahlen kamen und wir gewannen 2 Millionen. Es gab dann Schwierigkeiten mit den Leuten, die ich am Gewinn beteiligen wollte. Sie glaubten, sie hätten einen rechtlichen Anspruch. Diesen Hatte aber nur R. Irgendwie einigten wir uns dann doch. Ich dachte in Zukunft würde ich über Gewinne nicht mehr sprechen. Es meldeten sich Anwälte bei mir, damit ich das Geld bekomme.


13.1.2017

Eine meiner Töchter besuchte die Oberstufe. So nebenbei erklärte sie, gleichzeitig an vier Schulen zu lernen. In der Unterstufe seien es zwei Schulen gewesen. Zeitlich ließe sich das leicht bewerkstelligen, weil sie jeweils nur wenige Stunden an den Schulen verbringen müsse. Das fand ich lustig.

Wir fuhren in die Türkei. Viele junge Mädchen waren da, die mich ständig umarmten. Das fand ich übertrieben.